さよさんの
片づけが大好きになる
収納教室

小西紗代

片づけは性格や習慣ではありません。
システムさえ作れば誰でもできます。

「家を片づけたいけれど、どうしたらよいかわからない」「どこから手をつければいいかわからない……」。このようなお悩みの方と大勢お会いしてきました。

家族構成、ライフステージ、住環境、それぞれ違うので答えは違うように思えますが、片づく家づくりは、「収納環境（システム）が整っていること」。ただこれだけです。

一度、きれいな収納環境を作っておくと、それを崩したくない意識が働きますので、きれいをキープできます。

きれいな収納をキープするための収納グッズですから、牛乳パックやお菓子の空き箱などの廃材を使うのはおすすめしません。せっかくご自身が選び抜いた大切な物を収めるためのベッドともいえる場所が、「サイズが合うから」「無料だから」という理由で用いられた廃材だと、中に収める物がかわいそう。私も以前、廃材で試したことがありましたが、はがれたり、破れたりで時間の経過とともに廃材が劣化し、結局やり直すことになり二度手間でした。

インテリアや家具が素敵なら、中身もより素敵に！　引き出しを開けた時、扉を開けた時も幸せを感じる素敵な収納。これが、ワンランク上の21世紀の整理収納術です。

in the beginning

さぁ、昭和な収納とはお別れしましょう。収納はお金がかかります。お金をかけるといっても、一主婦である私が用いる物は、高価でも手に入れるのが難しい物でもありません。100円ショップやホームセンターなど、どこでも誰でも購入できる物ばかりです。購入された後に、失敗だったと思われることのないよう、細かい選び方もご紹介していきます。

家のことは、毎日のことですから、難しいことは続きません。整理収納の意識を少し変えることで、家も、生活も、家族の意識も変わります。本書では、我が家のストレスフリーな収納術をすべて掲載しています。元来、ずぼらで面倒くさがりな私が行う収納術ですので、簡単に真似できるものばかりです。

最初は、少し手間がかかるかもしれません。しかし、それぞれ数分のこと。手間をかけたその数分より、後の快適な時間の豊富さは間違いなく実感していただけると思います。

やり方がわからない方は、まずは真似ることから始めてみてくださいね。そこからあなたの家の快適度合が必ず驚くほど向上します。

「片付け力がつくと
ワンランク上の暮らしになります」

片づけしたくてたまらなくなる魔法の法則

片づけができると、家がきれいになるだけではありません。好きな物だけに囲まれた幸せな暮らしが手に入ります。

整理収納　3つのいいこと

お金

本当に必要な物、大切な物だけに囲まれた生活になり、無駄な出費がなくなります。

時間

人生で一番無駄な時間は「探し物をしている時間」。整理収納で住環境を整え自由時間を増やしましょう。

気持ち

いつ誰が来ても通せる家ですか？　片づかないイライラ、探し物が見つからない不安とはお別れしましょう。

整理とは

大切・大好きな物を選ぶ
←
大好きな物は長持ち
←
余計な物が増えない
←
整理＝節約

「物が捨てられない」と悩むほとんどの方が、「整理」とは「物を捨てる」ことだと思っていますがそれは間違いです。

「整理」とは物を捨てることではなく、今、大切な物、好きな物を選び残す作業です。好きな物は大切に長く使うため、他の物に目が行かず、無駄遣いしないので、むやみに物が増えません。家中、好きな物しかない生活ってわくわくしませんか？

現在、あなたの家の中は好きな物だらけでしょうか？

好きな物を選び、収め、片付け力を身につけましょう。

片付け力が身につくと、きれいはずっと続きます。今の生活を充実させワンランクアップの生活を目指しませんか？　整理収納はその第一歩です。はじめの一歩、この本をきっかけに今から踏み出しましょう。

さよさんの片づけが大好きになる収納教室　目次

はじめに……2
「片づけは性格や習慣ではありません。システムさえ作れば誰でもできます」
片づけしたくてたまらなくなる魔法の法則……4
あなたのおうちを整理収納したくなる家にしましょう……8
20坪のちいさいおうち　狭いから気をつけていること……10
家の収納力が断然上がる　収納4大テクニック……12
仕切る／立てる／掛ける／重ねる

Lesson 01
Living
リビング……17
みんながいつも使う場所だからこそ
全員が片づけることができる仕組みに

Lesson 02
Kitchen
キッチン……35
調理の時短化&掃除の手間が省ける
いつも立ちたくなるキッチンへ

Lesson 03
Washroom & Bath
洗面所・トイレ・お風呂……49
ホテルにチェックインしたときのような
光り輝く水まわりに

Lesson 04
Entrance & Closet
玄関・クローゼット……59
玄関は家の顔です。
第一印象が決まります

※本書に掲載している情報は、2014年10月時点のものです。商品の価格や仕様、店舗情報などは、変更になる場合があります。
※本書に掲載している商品は、すべて著者の私物です。現在入手できないものもあります。
詳細をお店や編集部にお問い合わせいただいてもお答えできません。あらかじめご了承ください。
※本書の収納方法を実践いただく場合は、自己責任のもと行ってください。

Lesson 05 Children's room
子ども部屋……73
子どもが自分自身で片づけられる部屋を作ってあげましょう

Lesson 06 Clothes & Bags
洋服・鞄……81
クローゼットは冷蔵庫と同じです「今」着る服だけに

Lesson 07 Papers
紙類……89
「いつか使うかも」は厳禁 捨てる&投げ込み簡単ファイリングを！

コラム 「あれどこ?」を聞かれなくなる」ラベリング……34
コラム ブランド別 我が家の定番収納アイテム……66
無印良品／IKEA／100円ショップ／ニトリ
コラム 簡単DIYに便利 両面テープ……80
コラム 小スペースを活用 S字フック……88

Q&A
整理収納を成功させるために気になるちょっとしたこと……105
片づけの考え方／スペースの悩み／時間の管理／ないないと探してしまう物／プチストレス／増え続ける物／どこにしまえばいい?／子どものお片づけ／女性のおしゃれ

おわりに……118

あなたのおうちを整理収納したくなる家にしましょう

ある日、いつものように我が家で収納レッスンをしていると、生徒さんが「早く家に帰りたい」とおっしゃいました。

内容が退屈だったのかと心配すると、「一刻も早く帰ってうちの整理収納を始めたくてなって！」と。

我が家の収納例をご覧になって、これはうちでもできそう、と思っていただけば、もう美しい家のゴールはすぐです。

整理収納は手間がかかりますが、理に適って、モノをしまいたくなる収納システムであれば、片づけは「快感」です。ご自身の家を、片づけなくてはいけない家ではなく、〝片づけたくなる家〟にしましょう。

自宅レッスンの後半は、我が家の実際の収納をご覧いただいています。「思っていたより収納が多くて羨ましい」とおっしゃる方もいます。でも扉を開け始めると皆様びっくり。「たくさん収納があっても、ぎゅうぎゅう詰めじゃないんですね」と。

確かに収納グッズは整然と並んでいますが、その中は意外にゆったり。また、「『ちいさいおうち』だから参考になると思って来たのに……」とおっしゃる方も。

仮に我が家と同じ間取りだったとしても、住む家族が違えば持ち物もまったく違いますし、ライフスタイルも違うのですから、収納方法も当然変わってきます。

しかし〝整理収納したくなるシステムにしてしまう〟という点では、どの家でもまったく同じです。まずは、はじめの一歩を踏み出してみてください。

手始めに狭い場所から始めてみませんか？　家の中で一番狭い場所は「箱」です。「薬箱」「コスメボックス」「裁縫箱」「下駄箱」。やる気になれば、どれも30分以内で終わる場所です。

短時間できれいになると、美しくなった喜び、達成感、次への意欲に繋がります。何度も達成感を味わうと、もっとやりたい、ここもやってみよう！とよい循環を生むだけでなく、整理収納経験を積むことで、自身の判断力、決断力が増し、〝片付け力〟が身につくのです。

一度作れば、あとは自動で片づけが進むシステムづくり！これが21世紀の新しい整理収納法です。

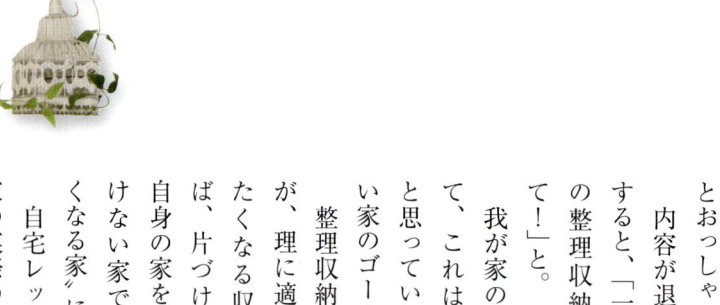

1階

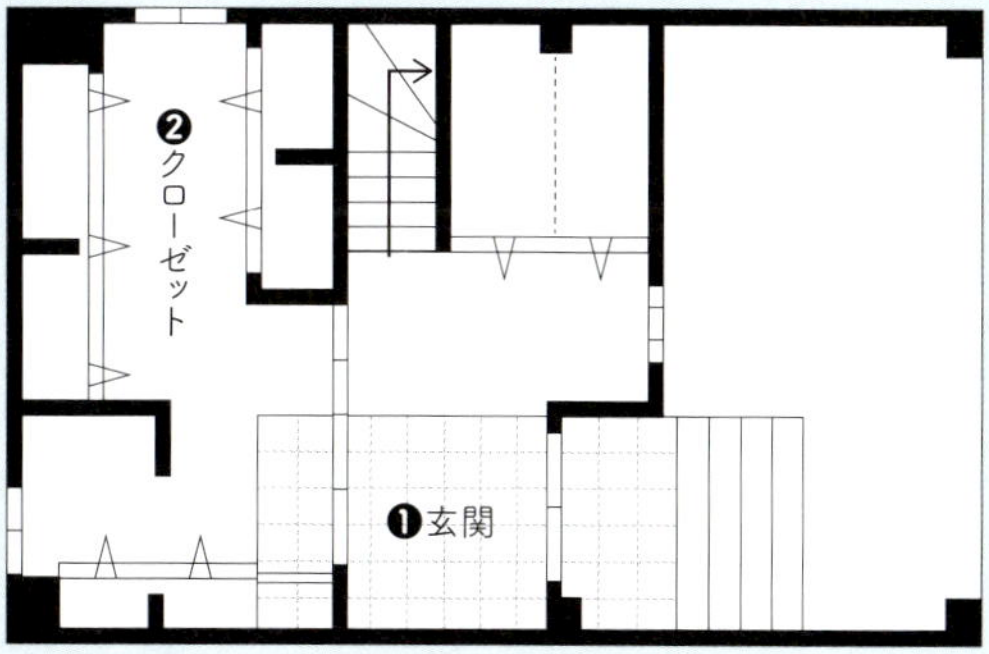

1階は収納スペース。帰宅後すぐに着替え、
ホコリをすべてこの階で落とします。

2階

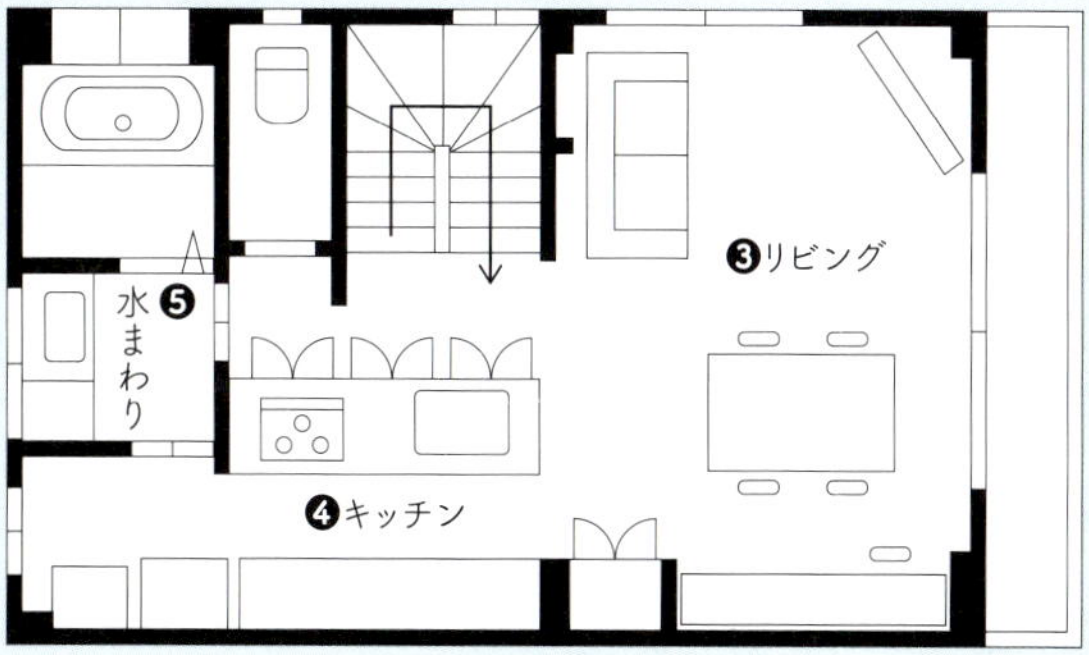

2階はパブリックスペース。家事動線を優先し
水まわりは壁のない回遊型にしました。

3階

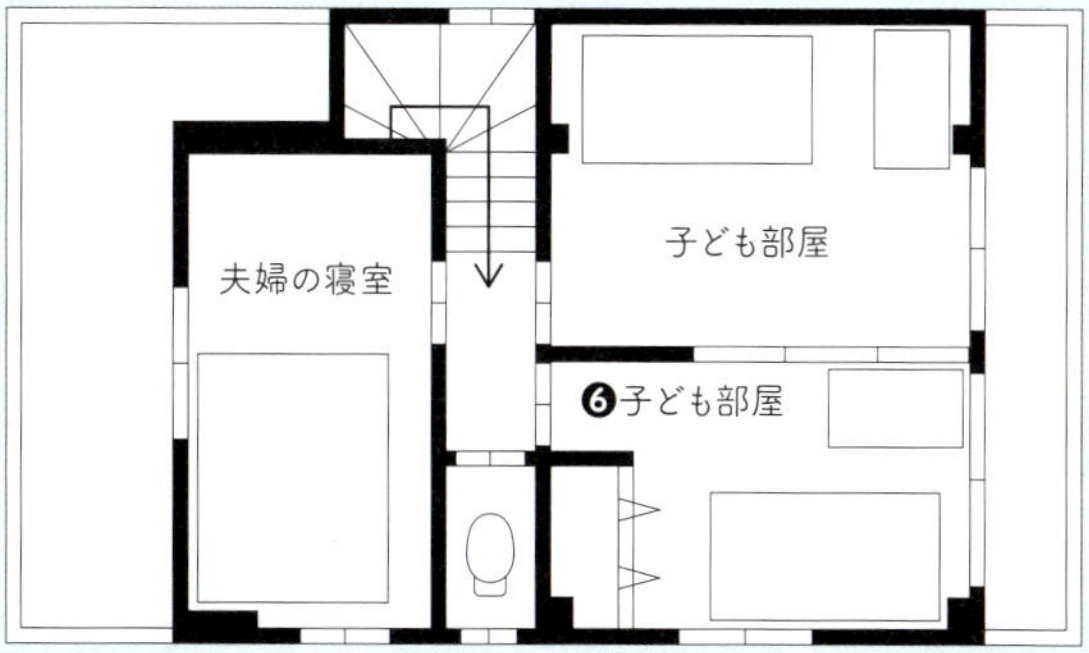

3階はプライベートスペース。それぞれの個室を設けています。
収納場所はほぼありません。

20坪のちいさいおうち
狭いから気をつけていること

マンションから戸建てに引っ越して早5年。

全体的な平米数は増えましたが、階段や廊下部分も含めた数なので、リビングダイニングはマンション時代より狭くなり、引っ越し当初、「物の持ち方を変えなければいけない」と真剣に考えました。

今まで、当たり前のように持っていたストック類、現在は手軽にネットで注文できて翌日には届きますし、店舗も遠くないので「いつでも買える」「なくても平気」と考え方を変えることで、持たないことに対する不安がなくなりました。

だからといって、すべて「持たない生活」ではありません。

私は料理が苦手な分、器でカバーしたいので、食器類はたくさんあります。自宅で整理収納のレッスンをしていることもあり、4人家族でありながら揃える数は6セット！　一般家庭より多く持っているのではないでしょうか。

それらを使いこなすために、収納はワンアクションを重視しています。難しい収納は長続きしないですし、物を使いこなせないなら持ってないのと同じこと。持つからには、使うこと重視の収納を心がけています。

ですが、衣類は極端に少ない。器ほど思い入れがないし、興味がさほどないので、衣類、バッグ、靴、アクセサリーは少数精鋭。レッスン生が驚く程の少なさです。

大切なのはバランス。たくさんの物に囲まれて幸せな方もいることでしょう。私の場合は、たくさん持つことで管理の煩わしさが生じてしまうので、食器は多く、衣類は少なくとバランス重視。人それぞれ、好きな物は違います。整理収納には正解がないのでそれもありだと私は思います。

仮に今後お城に引っ越すようなことがあったとしても、現在の生活のまま「たくさんの物を持たない！」と今なら宣言できます。それは、本当に好きな物だけに囲まれた生活の快適さを体験しているから。

たくさん物を持つことの管理の難しさ、煩わしさは、不要です。物だけでなく、色んな思い込みを手放してみませんか？　手放すことであなたの生活もきっと変わるはずです。

持たないようにしている物

ポイントは「そこに入る量だけ持つ」。スペースを決めておきます。増えた、買ったから収納スペースを作るのは間違いです。

× 洗剤、食品、日用雑貨のストック類

限りがある収納スペースに、「今」使わない物が鎮座しているのはもったいないです。

× 色々な種類の洗剤

キッチン、お風呂以外は、アルカリイオン洗剤1つでまかないます。

× 紙袋・スーパーの袋・試供品

全く持たないわけではないですが、適正量を決めてます。

× 紙焼きの写真

デジタル画像はCD、外付けHDDに保存。年に一度フォトブックを作成するのでプリントアウトはしません。

持つことを決めている物

物が少なければ管理はラクですが、自分の生活を楽しくしてくれる物はやはり持っていたい。そのためにも整理収納です。

◎ 時短家電

食洗機、ルンバ、ハンディークリーナー、フードプロセッサー。

◎ 食器（白・黒・ガラス）

便利なキッチングッズは持ちません。

◎ 自分の気持ちを豊かにしてくれる物

私の場合、好きなアーチストのCD、バッグ、箸置きなど。趣味のカメラグッズも。

◎ 季節感のあるインテリアグッズ

クッションカバーや花器は、生活を楽しくしてくれる必需品。

家の収納力が断然上がる収納4大テクニック

少しコツを知るだけで、家の収納力はぐんとアップします。収納は仕切る、立てる、掛ける、重ねるのことの4つ！　狭いと諦めず試してみてください。

「引き出しを開けた時に、幸せを感じる収納へ」

仕切る

「欲しい物がすぐ見つかる」

1種類の物に対して、1つ部屋を作ります

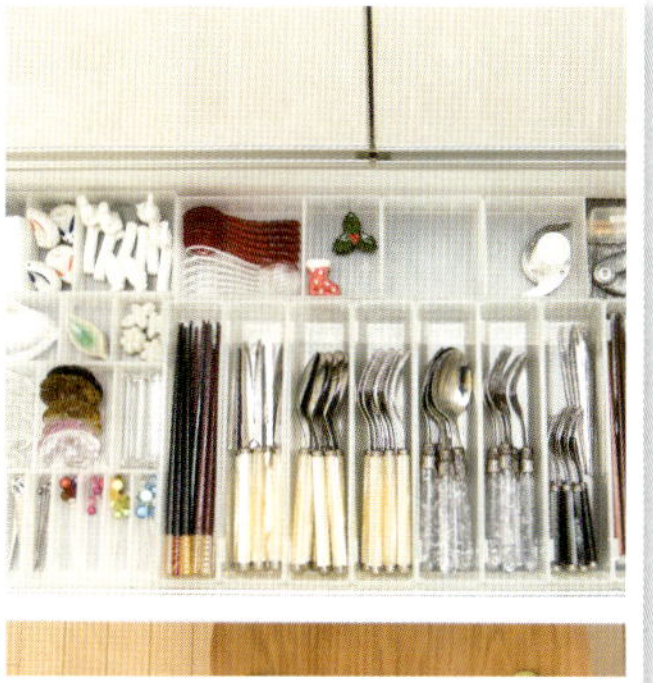

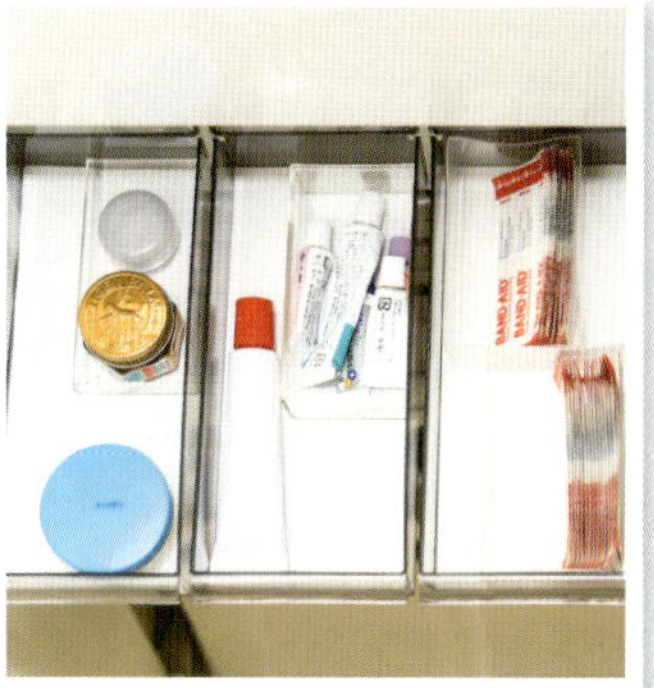

家族も戻す時に迷いません

収納空間を四角く仕切りましょう。広すぎる空間は物がごちゃまぜになり、欲しい物がすぐ取り出せません。引き出し、棚板、ともに箱を利用し、細かく仕切ります。

1種類の物に対して、ひとつひとつ部屋を作るイメージで。お弁当のピックやコンタクトレンズの収納、「これでもか！」というくらい、細かく仕切っています。

①引き出しを開けた時、一瞬でどこに何があるかわかる
②探す時間が不要
③戻すのがラク

まさにストレスフリーの収納です。

仕切る手間、時間はかかりますが、一度システムを作ってしまえば、それを維持、管理するだけ。わかりやすい収納環境は、家族も必ず元に戻してくれるようになるのでおすすめです。

立てる

「一目瞭然！　取り出しやすくなる」

取り出しやすい＝しまいやすいのです

省スペース化！
取り出しやすい！

引き出しの中の物は立てましょう。上から見て一目瞭然なだけでなく、省スペース化と取り出しやすさが実現します。

我が家は特殊な例ですが、アイロン台も立てます。キッチンで使用するスーパーの袋も畳み方次第ではきれいに立てることができます。レードル類はもちろんのこと、巻きす、食品、ハンカチ、衣類（主人以外）などだけでなく柔らかい布も、ブックエンドを利用することで、立てることができます。キッチンで使用する製菓道具のシリコン型、ワッフルメーカーも、単体では自立しませんが、ファイルボックスに入れることで立てることができます。

「立たない」と諦めるのはもったいない！　工夫次第で、立て収納は可能になるのです。

悩む前にできるところから真似してみましょう。

掛ける

「すぐ使える！　掃除がしやすい」

見やすいし、絡まることもありません

朝忙しい時にすぐ使える

収納場所がないなら、壁にフックをつけて掛ける収納に変えてみましょう。

物は掛ける（吊るす）ことで、使いたい時にサッと取り出せるようになります。

我が家のすぐに使いたい物といえば、眼鏡、掃除道具、エコバッグ、ベルト、子どものテスト勉強で使用する裏紙、キッチンミトン、ティーコゼ、カチューシャ……とけっこうありますね。すぐに使用したい物は、すぐ取り出せるように！　掛ける収納で取り出すロスタイムがなくなります。

フックやS字フックの利用で便利&快適です。

取り出しやすい＝しまいやすい。

また床や台に物を置かなくなるので、何かを移動させなくてもすぐに掃除ができて、ラクです。

重ねる

2階建てにする

「収納量が2倍に増える」

ニトリの収納ボックスは上下にスタッキングできます

お弁当グッズ（上にピック。下に使用頻度の低い型）

深さがある引き出しの無駄なスペースがなくなります

うちは収納が少なくて……、と諦めるのはちょっと待って！深さのある引き出しの空間を無駄に使っていませんか？

　仕切りになる容器を2段に重ねてみましょう。直角の容器は2段、3段に重ねることができます。毎日使用する物、よく使う物など、使用頻度の高い物を上段に収め、下段は、ストック品、季節外の物など、使用頻度の少ない物を収めます。

　使いたい時は容器をずらすだけで、すぐに下の物が取り出せます。引き出しに合う容器を見つければ収納量は倍増、使いやすさはそれ以上です。

　たとえばこんな物を！

・ストッキングとタイツ（季節により上下チェンジ）
・コンタクトレンズ（今使用する分とストック）
・カメラの付属品（上に頻繁に使用する充電コード。下にメディアケース、使用頻度の少ないレンズ）

Lesson 01

Living

リビング

Lesson 01

Living

リビング

みんながいつも使う場所だからこそ全員が片づけることができる仕組みに

家の中でどうしても散らかってしまうという悩みの多いリビング。色々な人が出入りするからこそ、誰が使っても片づく仕組みを考えました。

家族がくつろぐだけでなく、来客を通したり、趣味を楽しんだり、時には洗濯を畳むなどのプチ家事もするリビング。人が集まり、活動するからこそ、何かと物が集まってきやすく、散らかりやすい場所ともいえます。

我が家も娘が2人がいるので、それなりに散らかります。でも、それはリビングで家族が寛いでいる証拠！　あまり目くじらを立てず、それが当然だと割り切っています。

日常生活を送る限り、24時間、整った状態を保つことは不可能です。だからといって、24時間散らかったままでもいけませ

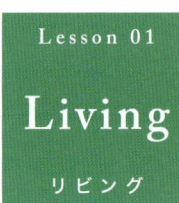

「物が出しっぱなしにならないのは戻す場所が完全に決まっているから」

我が家には、テレビ台も、コーヒーテーブルもキャビネットもありません。物が少ないと、狭いスペースを広く使えるメリット以外に、掃除がラクなのもうれしいこと。常にきれいにしていたいリビングは、物を動かさずに簡単に掃除ができる環境にしています。

我が家のリビングダイニングは11畳の狭いスペース。だからこそ、いかに広く見せるかを工夫し、できるだけ物を置かないようにしています。色はできるだけ白に統一して、テーブルクロスやクッションカバー、飾り棚の装飾を変えて、楽しんでいます。

ん。

私が思うリビングは、メリハリがあれば、時に散らかっていてもOK！

リビングはパブリックなスペースなので、物を出した人がそれぞれきちんと戻してくれさえすれば、ある程度のきれいさはキープできます。あなたのリビングは家族が元に戻せる収納環境でしょうか？

主婦はお伝いさんではありません。家族が片づけないからといって、すべてご自身で片づけていませんか？　家族が出した物を戻しやすい収納環境を作り、物が出しっぱなしにならないよう、片づけを促すのが一家の主婦の仕事です。

理想は家族だけでなく、いつ、誰が来ても、その家で家事ができるように整えること。理想は高く！　まずは家族目線でリビングの収納環境を整えましょう。

Rule 1

「あれはどこ?」と聞かれなくなるように物の住所を決めてラベリング

ラベリングをして戻す場所がわかるように

「お母さん、あれはどこにある？」と一つひとつ尋ねられるのはちょっとストレス。物がどこにあるのか、きっちり決め、ラベリングしておけば、全く尋ねられることはありません。我が家は家族共有で使用する物、全てにラベリングしているので、家族以外の人もそう聞かれることは、ほとんどなくなりました。我が家のリビングでは、とにかく細かくラベリングをして、誰が見てもどこに何があるかが、わかるようにしています。

ラベリングの詳しい方法はP.34。

新聞

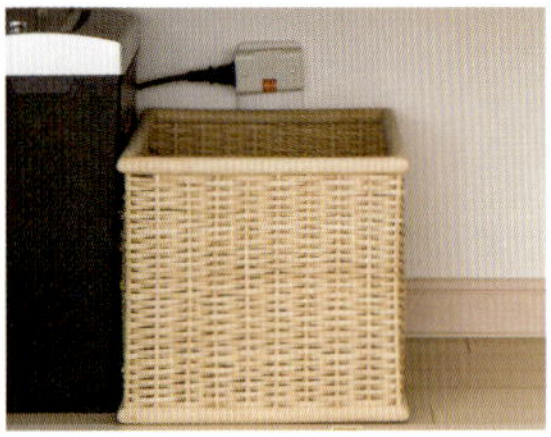

ティッシュ

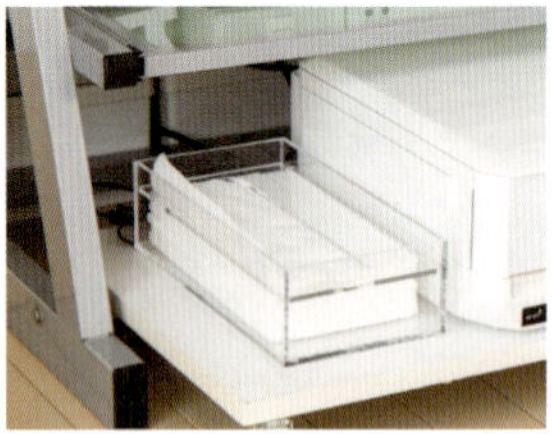

リモコン

すぐ処理できないDM

家族全員のスマートフォン置き場

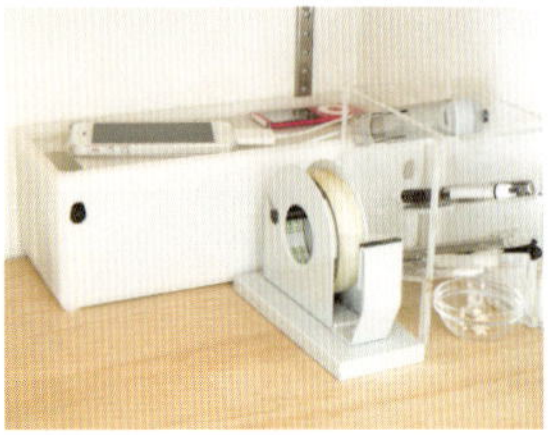

アクセサリー

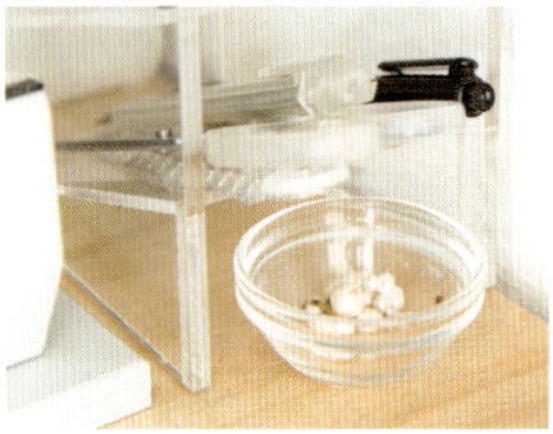

つい散らかる物にこそ定位置を作る

つい色々なところに置きっぱなしにしがちなリモコン、スマートフォン、アクセサリーなど。「どこに置いたかな？」と度々探す時間は無駄です。こういう物にこそ、きちんと定位置を決めてあげましょう。読み終わった新聞はかごに。ティッシュはプリンタの隣に。リモコン類はまとめて一か所に。DMなど、どうしてもすぐに処理できない物は、目につきやすい棚に。家族全員のスマホは、専用の充電コーナーに。家事で一時的にはずすアクセサリーは、ガラスの器に。これが我が家の定位置です。

Rule 2

個人のスペースを小さくでも作ればリビングで私物が散らからない

娘たちの
勉強道具はここ

娘たちがリビングで勉強する本やノートの一時置き場です

リビングが散らかってしまうのは、家族それぞれが勉強したり、本を読んだりした後、戻す場所がないから。リビングに全く私物を置かないのは、そもそも現実的ではありません。ならば、ちゃんと場所を作っておいてあげましょう。娘たちは自分たちの部屋以外に、リビングにあるスタディデスクでも勉強をします。一時的に教科書やノートなどを置ける棚を1段ずつ用意しています。

引っ越し当初は、ドライヤーなどが入っていましたが、次女が中学生になった時に、テキスト入れに変更しました。

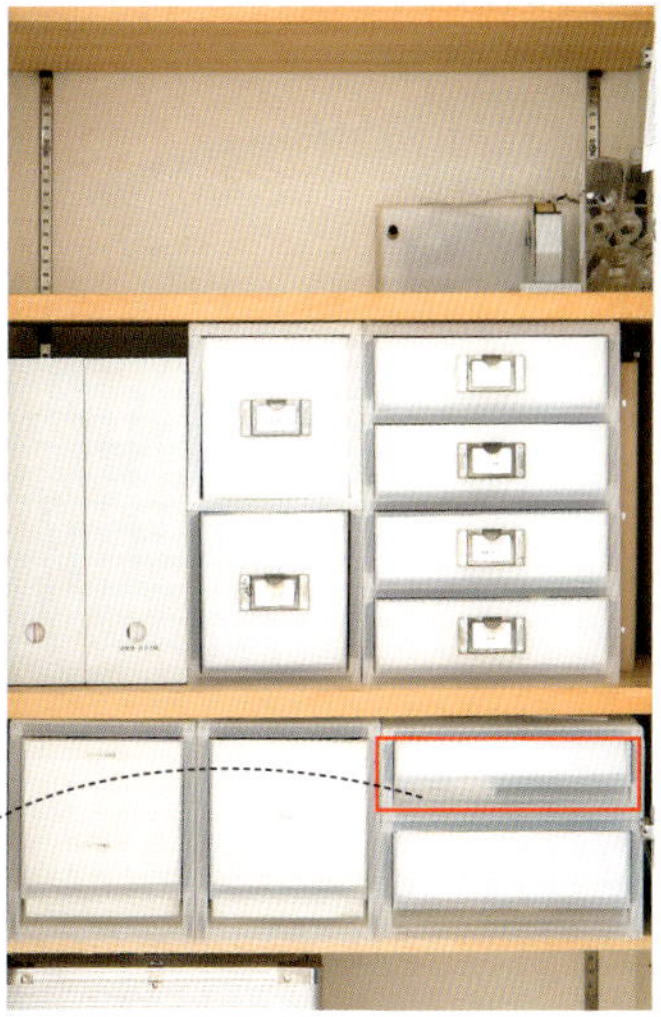

夫の私物はここ

夫の私物はクローゼットの引き出し2つ分を用意

夫宛てに届いた郵便物は、ダイニングテーブルに置かず、この引き出しに入れます。家庭内私書箱の役割だけでなく、音楽プレイヤーやスマホの携帯バッテリーなど、細々した私物をここに入れています。下の段も、夫の雑誌や書類を入れる引き出しです（詳細はP.30）。

Rule 3

出かける前、寝る前のリセットが常にきれいをキープ

☑ Check

1日1度のリセットが自分をラクにする

出かける前、就寝前、リビングで必ず私がチェックする3項目です。これを守るだけで、まずはリビングがスッキリ心地よい空間になります。試してみてください。

- □ 床の上に物がない
- □ テーブルの上に物がない
- □ ソファの上に物がない

ソファの上には余計な物は何も置かない

ソファが物置き場になっていませんか？　コーヒーテーブルも置くのをやめました。

床やテーブルの上にも何も置かない

家に帰って来た時、ほっとできる空間にしたいので、テーブルや床の上には何も出さず出かけます。視覚から入ってくる情報は大事。疲れて帰宅して家の中が荒れた状態だと、心も疲れてしまいます。

Rule 4

部屋を白いキャンバスにして挿し色で変化を楽しみます

テーブルクロスを替えるだけで、イメージチェンジ！

使う色は白を基本にして目の錯覚で広く使う

我が家のリビングダイニングは11畳の小さなスペース。ここを広々スッキリ使うには、色数を抑えることも大切なルール。基本が白いから、毎月、季節に合わせたテーブルクロスやクッションカバー、飾る雑貨の色を変えて、ガラッと雰囲気が変わるのを楽しみます。

真っ白な物が見つかるまで買わなかった時計

天井の低さを緩和させるため、あえて白い時計を探して設置しました。

ごちゃごちゃ見えがちなPCやプリンタなども白に

生活感のある家電は色を揃えて、見た目のスッキリ感、まとまり感を演出。

カーテンではなく白いブラインドでスッキリ

スッキリとしたデザインを求め、天井からバーチカルブラインドを設置しました。

Rule 5

掃除しやすいリビングが私の究極の目標です

ホコリがたまるテレビ台を置きません

引っ越し当初はテレビ台を置くことも考えましたが、部屋の隅の鉄筋（柱）が邪魔をしてサイズ選びが難航。そこで見つけたこのスタンド付テレビ。スタイリッシュで足元スッキリ、掃除もしやすそう！ 番組の録画はテレビのハードディスクでするので問題なし。再生専用の小さなポータブルDVDプレイヤーを置くことにして問題解決。

充電器の上はホコリ除けに無印良品のケースを

ソファに座ると知らず知らずのうちに、下にホコリが落ちています。ルンバがしっかり掃除してくれるので安心ですが、ルンバの充電器をソファの下に隠しているので、そのACアダプターにもホコリがつきます。ルンバの走行中ACアダプターのコードの巻き込みを防ぐことと、ホコリを避けることを考慮し、無印良品のボックスを裏返して入れてそれらを避けるように設置しました。

ソファの下は12cmの足で床掃除をラクに

ルンバの走行も考慮し、足の高さは12cmに。我が家は狭いので「存在感がある色」ではなく、狭さを感じさせないよう、部屋の中に同化する色にしました。その代わりに季節に合わせてクッションカバーの色で変化を楽しみます。生地サンプルを取り寄せ、サイズ、足の高さ、デザイン、座面の硬さもすべてオリジナルで作ってもらえるソファ専門店「blocco」でオーダーしました。職人の手作りで国産、アフターメンテナンスもしっかりしているお店です。

Rule 6

生活感が出るのが電気コード類！しまうと一気にきれい度アップします

家族全員のスマートフォン

家族全員、同じメーカーのスマートフォン（スマホ）なので充電器は共通で使えるメリットが。

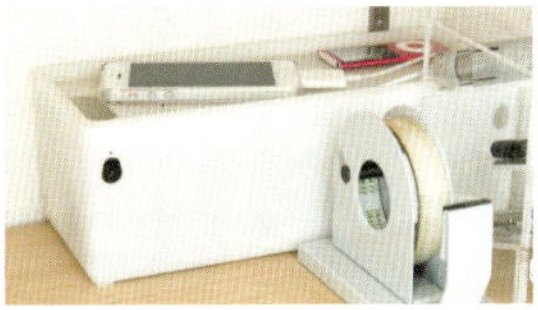

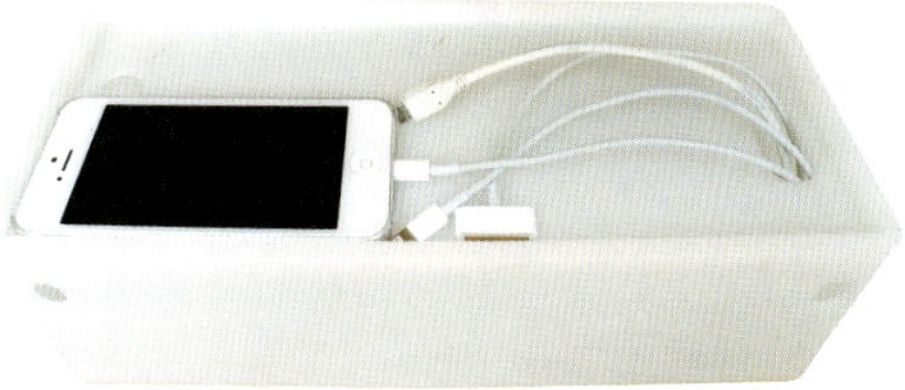

スマホ置き場を決めています

家族全員のスマホを充電するスペースを設けています。スマホだけでなく、MP3プレーヤーやタブレット端末、携帯バッテリーの充電器もここに集結。

＼フタを開くと／

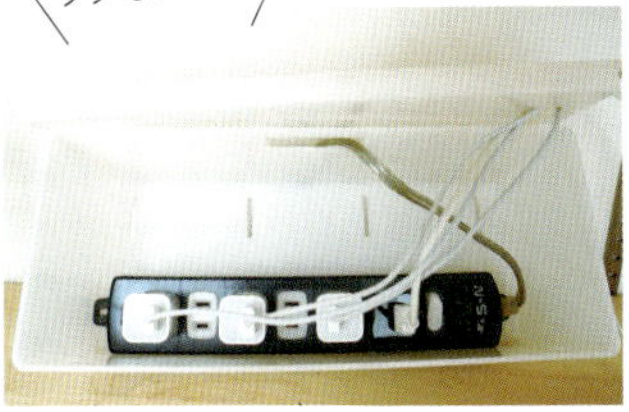

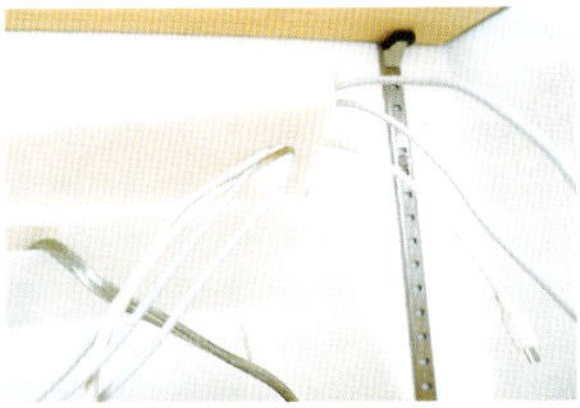

IKEAの洗面所オーガナイザー（廃番）の中にコンセントタップを入れ、フタの穴の部分にコードを通しました。フタの上に本体が乗るので便利です。コードが通る穴が開いているフタつきの容器で代用できます。

外付けHDDやルーター

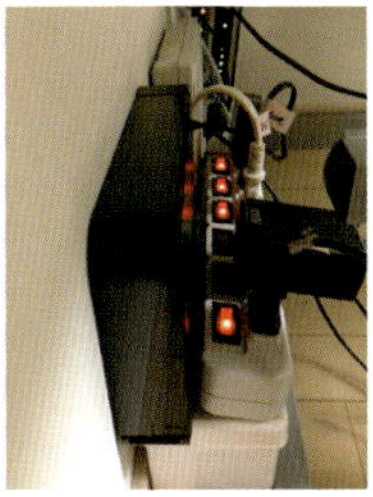

配線はまとめて箱に入れコードにはラベリングを

プリンタ、ルーター、モデムなど、PC周辺機器のコードを粘着ロールケースに入れています。ひとつでは収まらないので3個並べました。

コンセントタップはケースの外に出して、電源のオン・オフがしやすいようにしています。

テレビ

テレビの配線やDVD・HDDはテレビの裏にまとめて収納

テレビ本体だけでなく、DVDプレイヤーやゲーム機など、たくさんの周辺機器が集まり絡まりがちなコード類をテレビの裏に集中させました。

アンテナと電源は壁に直付け。壁と一体感が出るようモールに余っていた壁紙を貼っています。

テレビ画面の真後ろにDIYで棚を作り、その上にテレビのチューナー、wii、DVDプレイヤーを置いています。

Rule
7

片づける場所がバラバラなのは散らかる原因
リビングの収納は一か所にまとめる

リビングで散らかりがちな書類や小物をすべて収納

リビングダイニングで使用する物をこの扉の中にすべて収めました。細長い場所ですが、あるとないでは大違い。出しっぱなしになりがちな個人の私物、新聞や書類、雑多な物にもすべて住所を設け、生活感が出ないよう収納しています。

高くて手が届かない所には季節物 手が届きやすい場所には書類を立てて

リビングダイニングで使用する物以外は収めていません。年に一度しか使わない百人一首や、たまにしか使わないラッピング用品も、使うのはこの部屋。使用頻度が低いので一番上に収めています。その下は、領収書、子どもの学校のお知らせ、取扱説明書などの書類一式です。詳細はP.90をご覧ください。

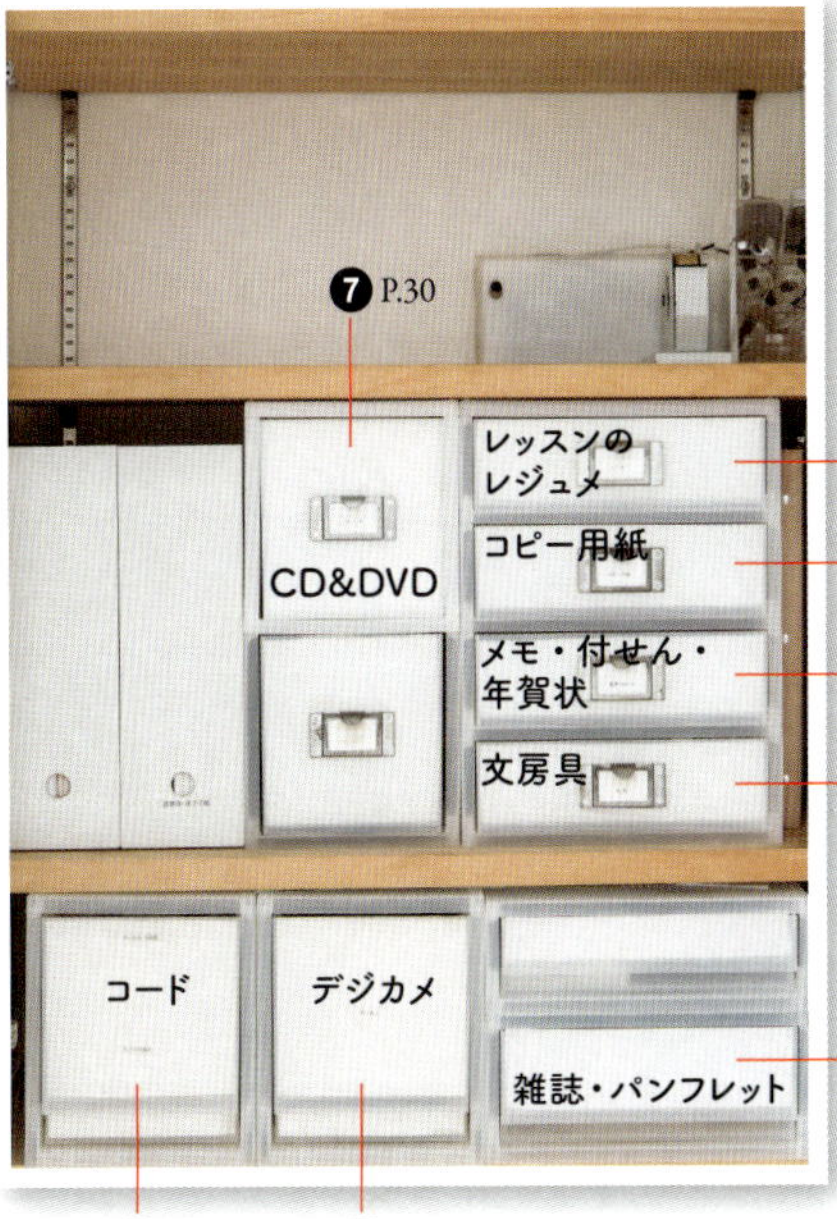

デジカメの充電器と 本体、レンズなどを収納

カメラと充電器などの周辺機器は一か所にまとめておくと便利です。離れ離れになると、出しっぱなしになる確率が高いのがこのような機械関係のグッズです。

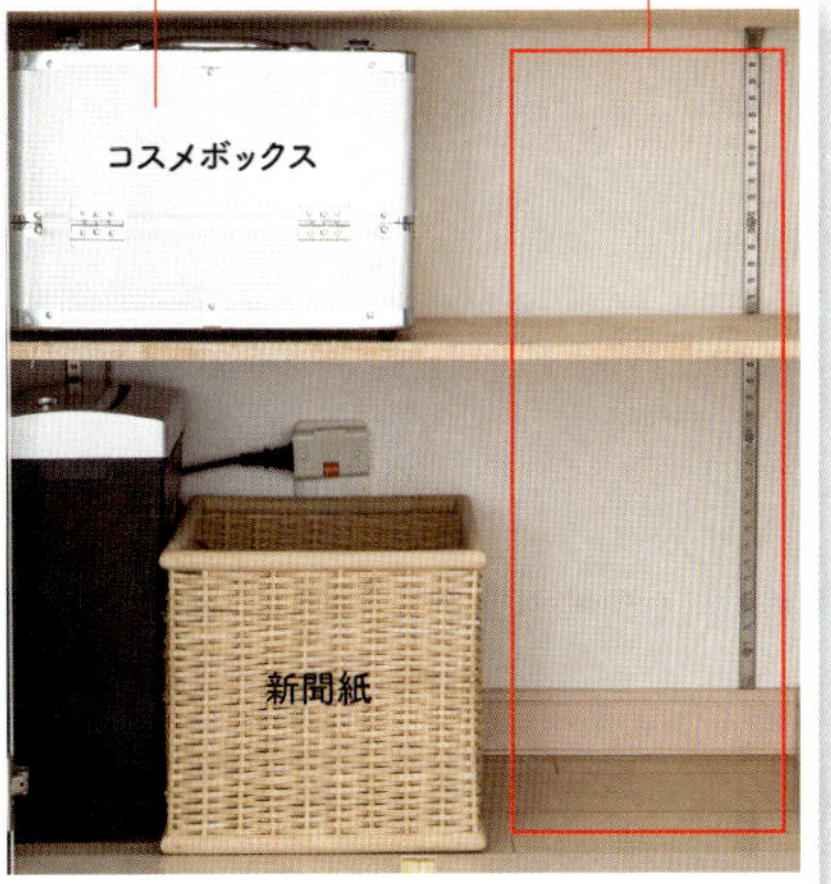

コスメボックスや新聞紙のコーナーに

ドレッサーは転居時に処分しました。一年中室内温度が一定で明るいリビングでメイクをしたいので、この場所にコスメボックスの置き場を確保しました。新聞は、朝以外の時間はこのボックスに。朝、最後に新聞を読んだ人がこの中に入れ、それ以外の時間は読みたい人がこの中から出して読み、また元に戻すシステムです。

引き出しの中

コードや充電器、使用頻度が低いからこそ、定位置を設けてあげて！
100円ショップのカゴがピッタリのサイズです。

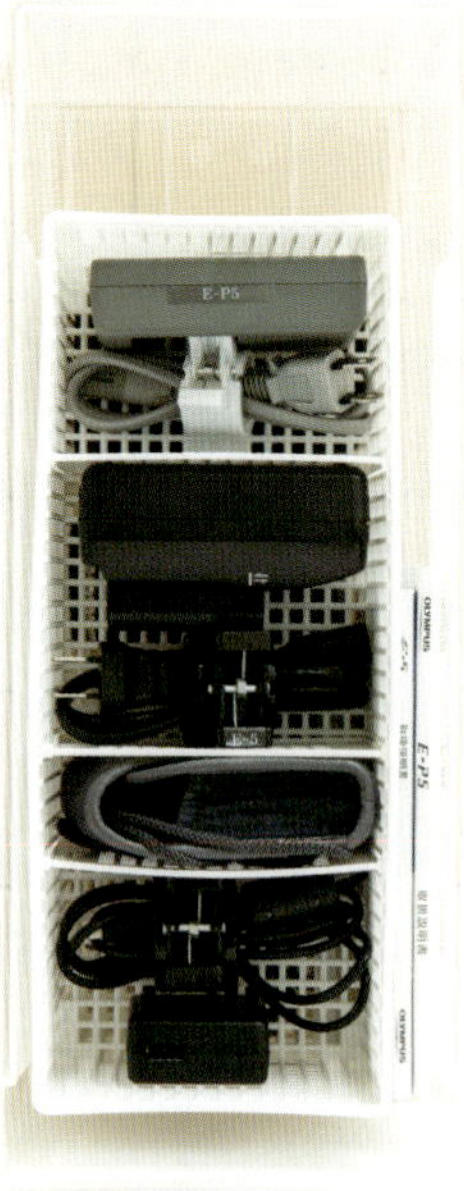

ケーブルは型番をラベリングしてコンパクトに収納

カメラ3台はすべて同じメーカーの物。充電器がよく似ているので、充電器本体とコード類に機種名をラベリングしています。

デジカメの下には、デジカメを入れて歩く袋を敷いています。お出かけする時には、これと一緒にバッグへ。

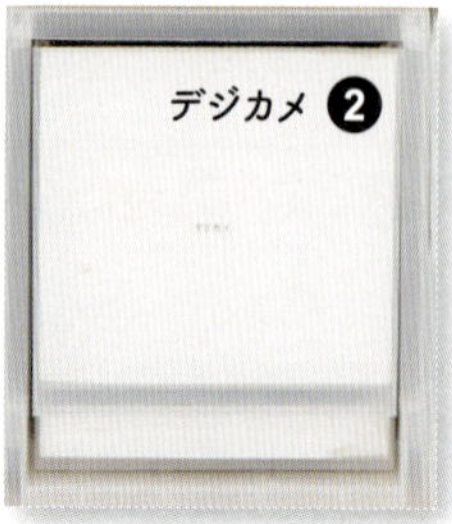

よく使うデジカメはリビングで特に取り出しやすい場所に収納

かさ張る一眼レフカメラとミラーレスカメラ。レンズは共通なのでひとつの引き出しにまとめて収納しています。

❹

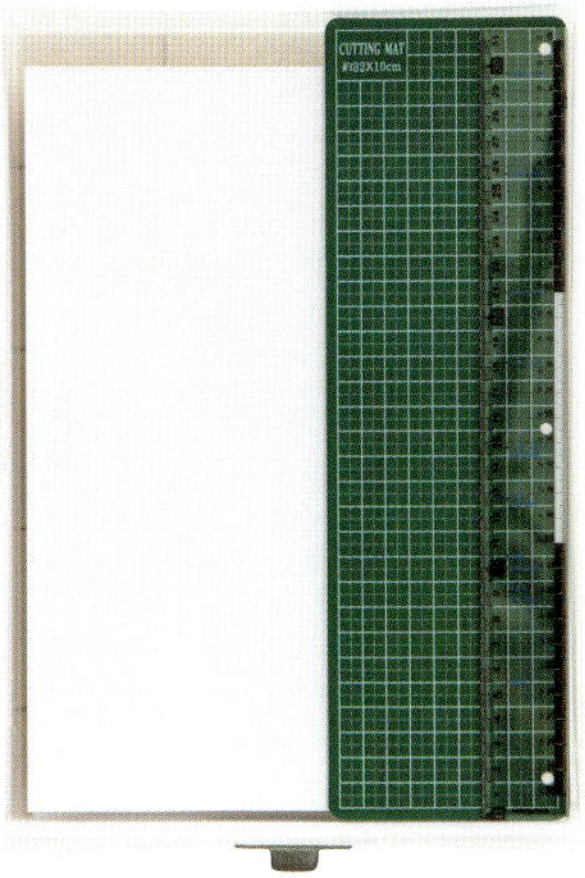

❸

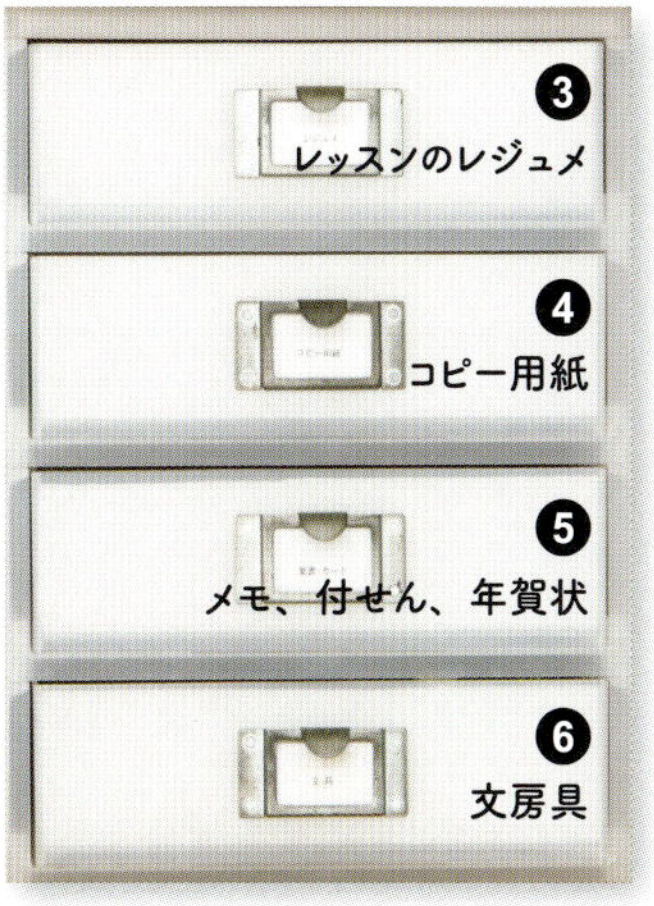

コピー用紙

近くにあるプリンタですぐ使えるように
コピー用紙を入れています。

レッスンのレジュメ

収納教室で使うレジュメを入れています。

❻

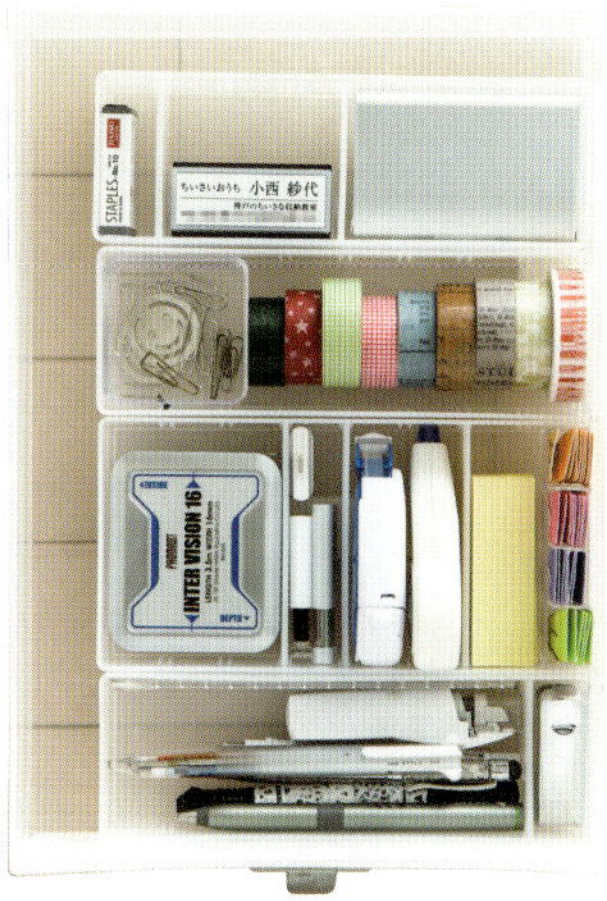

無印良品のトレーは
引き出し内で動かないように
両面テープで固定

❺

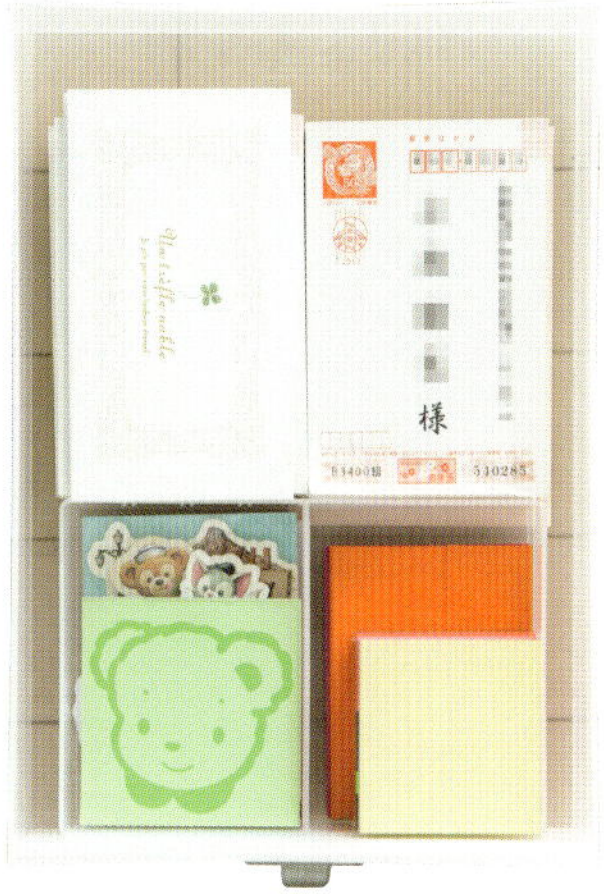

一部、持ち運びできます

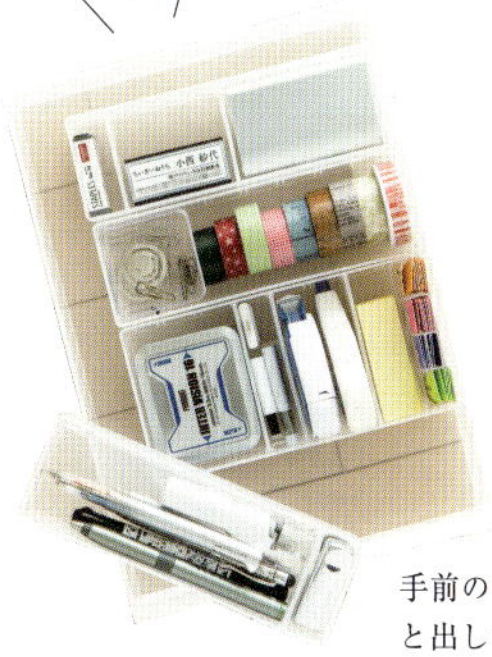

私がよく使う文房具

私が家で作業をする時に筆箱代わりにしている文房具です。「ペンがない〜」という探し物がなくなります。

手前のトレーは筆箱代わり。トレーごと出して使用します（他は両面テープで引き出しと固定しています）。

メモ、付せん、年賀状

御礼状やメモがすぐできるセットです。年賀状は住所録として使用しています。

年賀状は養生テープで背を作ってまとめると、スペースを取らずにストックできます。背には年号を忘れず記入するのがポイント！

引き出しの中

ディスクのケースをはずすと
収納できる枚数は格段アップ

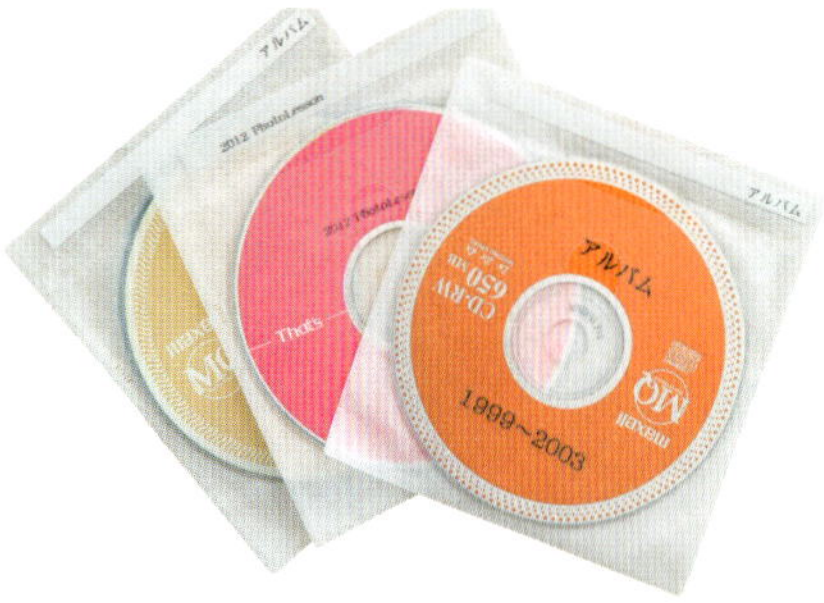

CD&DVDの中身

- 音楽CD
- デジタル写真のバックアップ
- PCデータのバックアップ
- ドラマ、エクササイズのDVD

盤面と不織布の右上に、中身がわかるラベリング

ハードケースから出して、不織布ケースに

家の中で使用するCDやDVDはすべてハードケースから出してコンパクトに。

読みかけの雑誌は
ここに入る量だけに

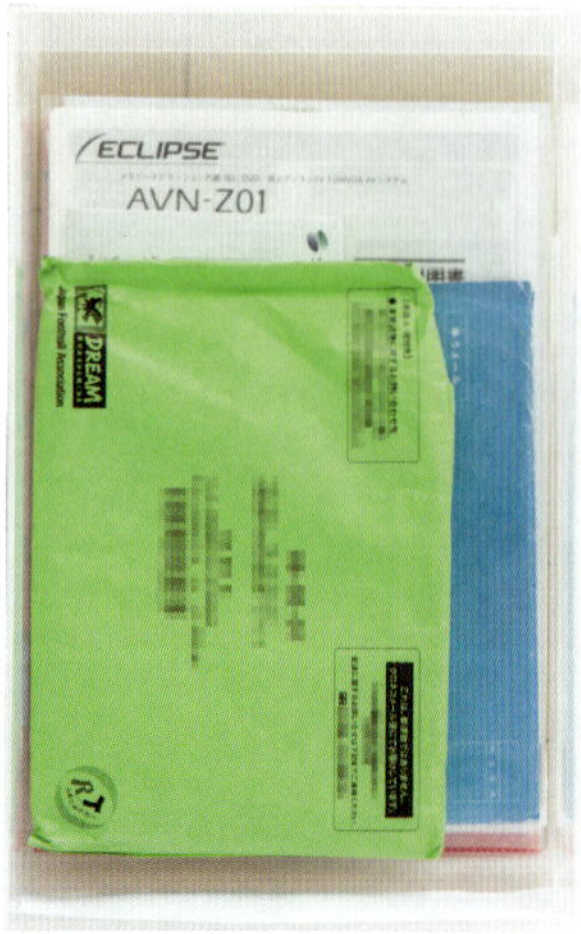

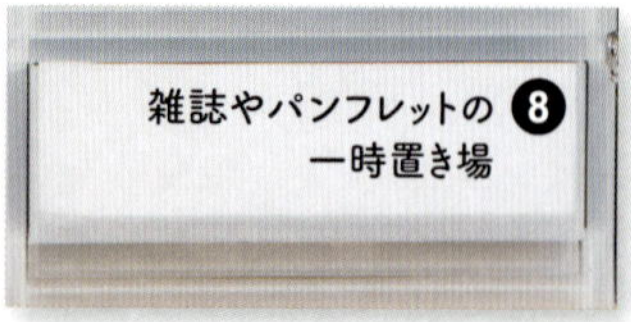

読みかけの雑誌やパンフレットの一時置き場（夫の私物引き出し）

読みかけの本、雑誌、パンフレット、書類など、寝る前にはこの引き出しに収納。出しっぱなしになることはありません。

＋Plus

貴重品にはラベリングはしないでください

家族が取り出しやすく、またしまいやすくするためのラベリングですが、貴重品置き場にはラベリングしません。誰にでもわかりやすいため、もしもドロボーが侵入したら……臨機応変にラベリングしてくださいね。

9

10

11

季節で使う物

百人一首大会の練習のため、年に１度の使用ですが、リビングで使用するので定位置を設けています。外貨のコインも使用頻度が低いのでここに。

色画用紙

デコ弁のピックを作ったり、ちょっとした工作をする時用の色画用紙。

ラッピング用品

滅多に使用しませんが、ラッピング用品やスタンプ類はまとめて収納。

メイクする順番に上から下へと収納しています。だから一番上はファンデーションです。

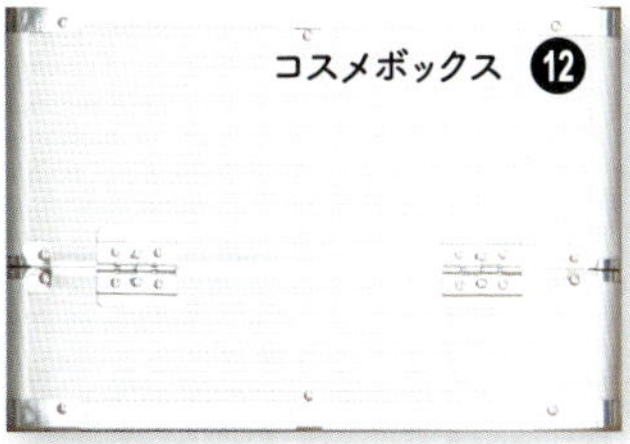

ここにもラベリング

品番がケースの裏に記載されているため、出さないとわかりません。一瞬でわかるようにラベリングしています。

リビングでメイクをするからコスメボックスはリビングに

リビングに置くためにコンパクトなコスメボックスを選びました。少数精鋭、似合う色しか持っていないのですべてこの中に収まります。

そのほかの引き出しの中

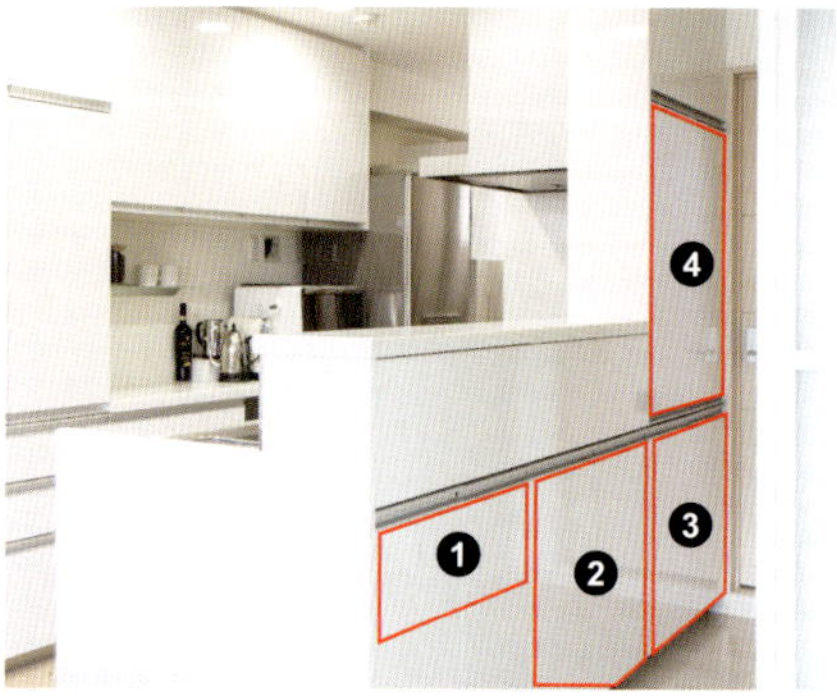

リビングとキッチンの間にある我が家の収納通りです

我が家のど真ん中にある、奥行きわずか21cmの狭く使いにくいスペースに、よく使う物を集めました。21cmまでの収納グッズを探し、空間を無駄なく使用しています。奥行きが狭い分、何が入っているか見渡せる利点があります。

薬　左の引き出し

文房具＆工具　右の引き出し

コンパクトで収納量が豊富なキャビネット

アイリスオーヤマの小物キャビネットKC-350DRを2つ並べて使用しています。左は主に薬、右は文具や小物類を収納しています。

左の1段目　右の1段目

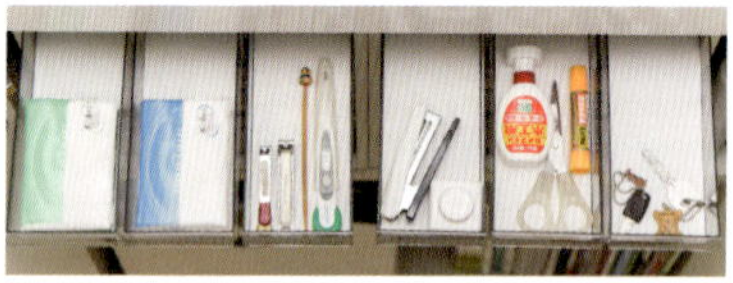

左：グルーミンググッズ。
右：文具類。スペアキーもここに。

左の2段目　右の2段目

左：軟膏類と絆創膏。容器とチューブで分けています。
右：電池類、ミニ裁縫箱はボタン付けなど、簡易な裁縫をする時用。

左の3段目　右の3段目

左：ガーゼ類とそれを切るハサミ。
右：慶弔袋と筆ペン。

左の4段目　右の4段目

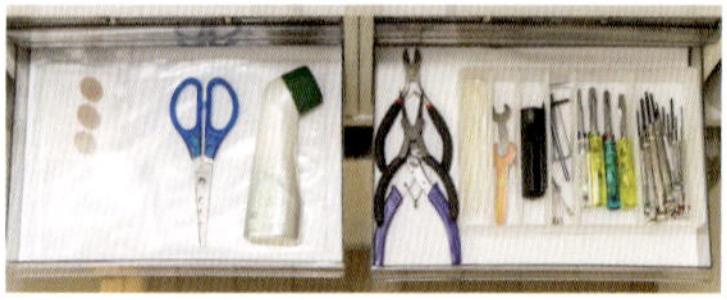

左：シップとそれを切るハサミ。
右：ミニドライバー、工具のセット（DIY用の本格的な工具箱は1階にあります）。

左の5段目　右の5段目

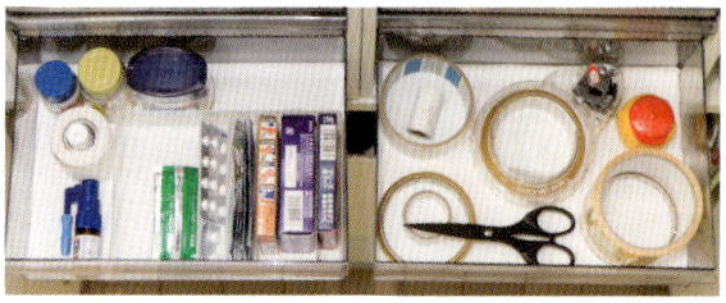

左：市販の飲み薬など。
右：ガムテープや両面テープなどのテープ類とハサミを一緒にまとめています。

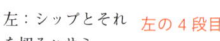

アイロン

アイロンがけに
必要な物が集結

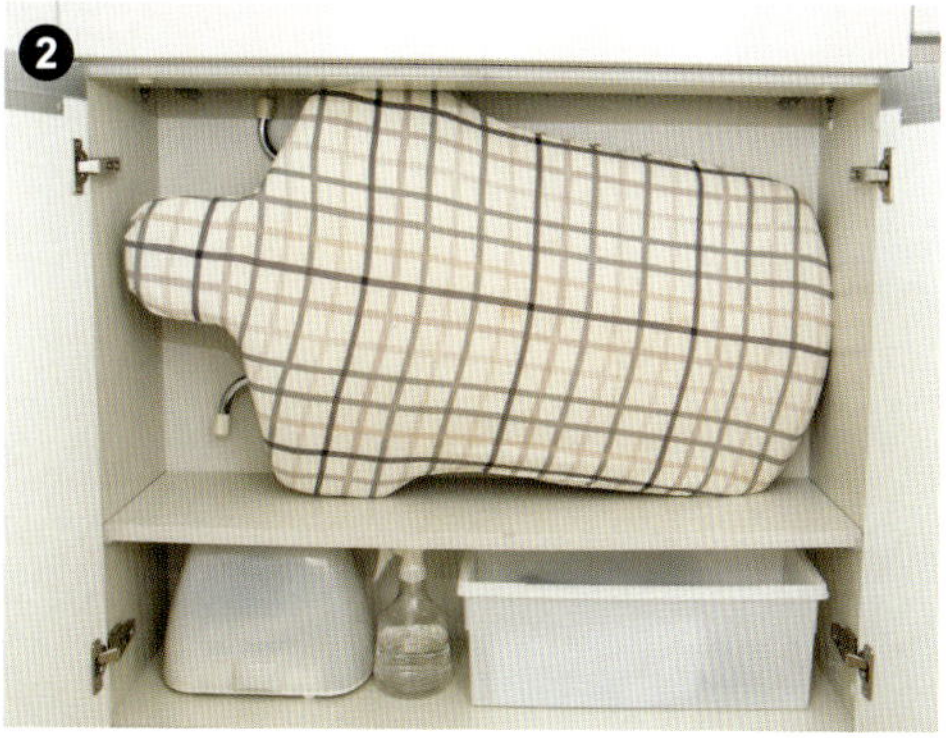

場所をとるアイロン台は立てて収納

アイロンがけが嫌いなので、短時間でアイロンがかけられる大型アイロン台にしたのはいいのですが、大きすぎて収納場所に困りました。このスペースに横幅は入るとわかったので、何とか入れたいと思い、立ててみたらすんなり入りました。奥の上に穴が空いており、その中にアイロン台の袖になる部分を入れ、倒れないように立たせています。

裁縫道具・ミシン

上にはトイレで使う生理用品 下には裁縫道具やミシンを

トイレに収納がないため、外出時持ち歩く用の生理用品のストックをトイレの前のこの場所に置いています。ミシンの使用時に使う、本格的な裁縫箱は、ミシンとセットで収納。2段目はレッスンのお土産置き場。普段は空きスペース。

毎日は使わない食器

お茶やお酒のカップやグラスは 透明な物から順に配置

使用頻度も低く、色的に圧迫感のないガラス類は上段に収納。使い勝手と見た目のよさも兼ね備えています。

アクリル棚は
存在感がなくスッキリ

無印良品のアクリル仕切り棚で上下の空間を仕切って収納力アップ。

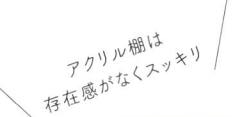

「あれどこ?を聞かれなくなる」
ラベリング

物の定位置が決まったら、家族共有で使用する物（薬、文具など）は必ずラベリングで中身を表記しましょう。「あれどこ？」と聞かれることと、物の出しっぱなしがなくなります。

ラベルライターのテープ幅、おすすめは9mmと12mm。6mm幅が欲しいなら、12mmを半分にカットすればよいのです。

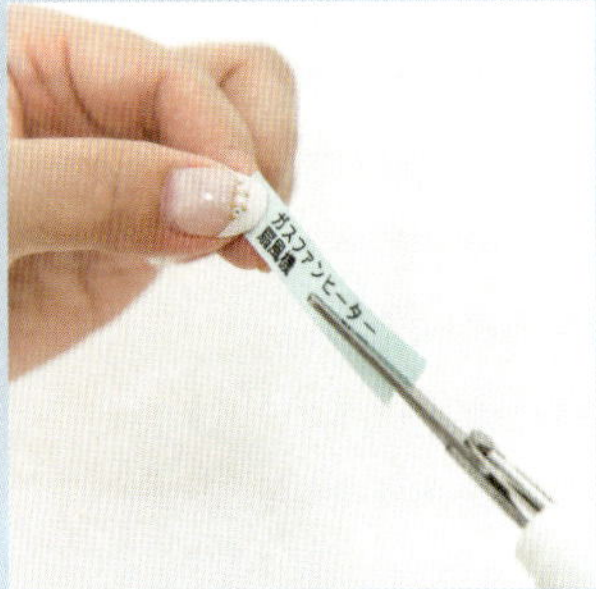

12mm幅のテープに
2行書き、
半分に切ると6mm幅の
テープになります!

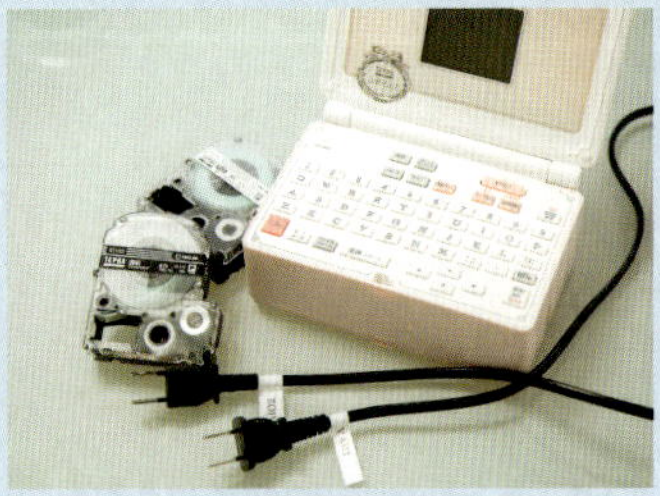

ラベルライター「テプラ」PRO SR-GL1

ラベルライターは必須。仮置き段階の手書きはかまいませんが、最終的なラベリングはラベルライターを利用して！ イメージは公共施設のラベリング。表記がきれいだと、わかりやすいだけでなく、きちんと元に戻そうという意識が働き、きれいキープが実現します。

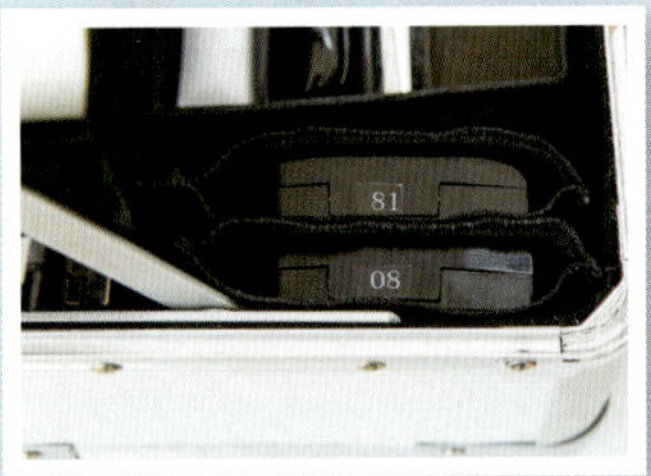

同じメーカーのコスメは袋から出さなくても品番がわかるように、容器に品番をラベリングしています。黒い物へのラベリングは透明テープに白文字が◎。

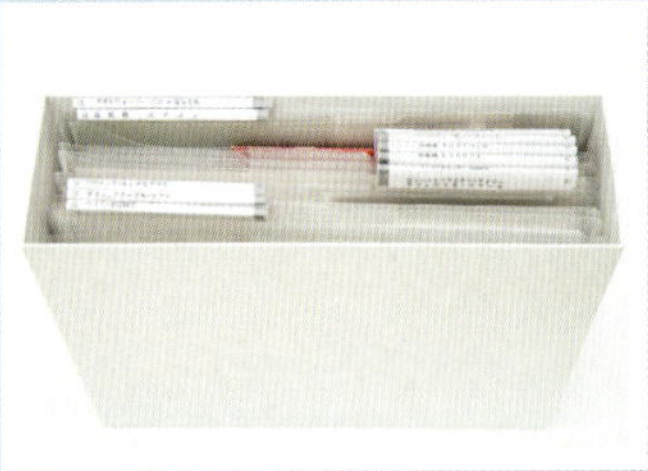

立体見出し付クリアホルダーは、真上にラベリングを。ボックスを出した時、上から見てすぐに判別ができます。

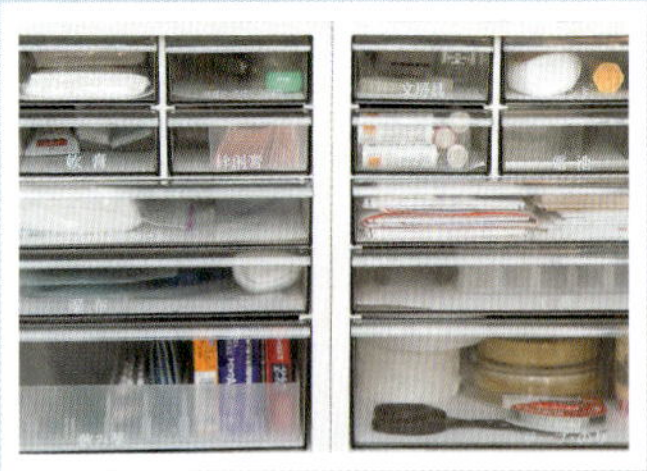

左は薬、右は文具類。引き出しすべてのラベリングは面倒ですが、かけた手間以上の「楽」がその先に待っています。中身がわかるので出しっぱなしになることがありません。

充電器や充電コードはよく似ているのでラベリングは必須。100円ショップのコードクリップは、コードをまとめるのに便利なグッズです。

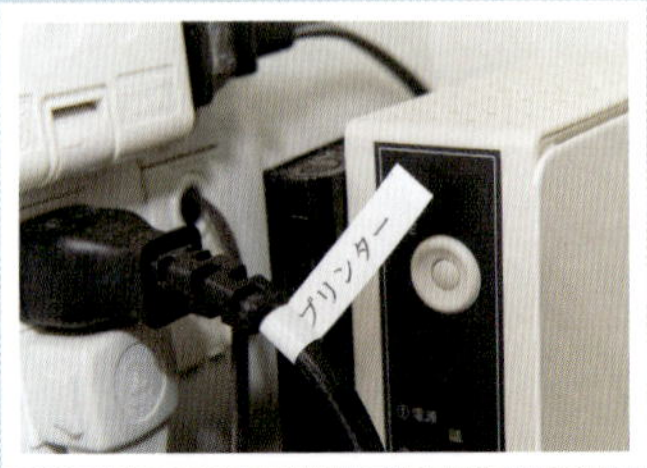

コードはどれも同じような色、形なので、すべてのコードにラベリングを。コンセントタップのスイッチにもラベリングし、コードとマッチングさせましょう。

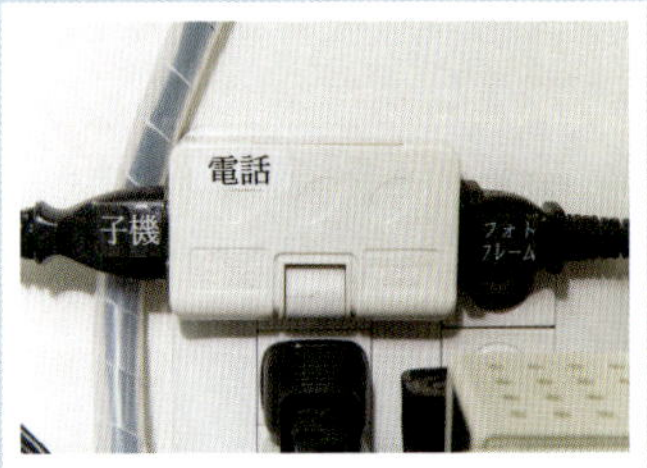

同じ用途のコードをコーナータップにさし、ラベリングをしています。トラブルがあった時、「どのコードかな？」と探す手間が省けます。

Lesson 02

Kitchen

キッチン

Lesson 02

Kitchen

キッチン

調理の時短化&掃除の手間が省ける いつも立ちたくなるキッチンへ

家中で、一番物が多い場所といえば、ほとんどのご家庭はキッチンではないでしょうか？ このキッチンが自分にとって使いやすく整理収納されているかで、家事の効率はずいぶん変わってきます。

食器、調理器具、食材、さまざまな種類の物が一か所に集まり、どの部屋よりも物が多いのがキッチン。どこに何がどのくらい入っているか、すべて把握できていますか？

「あれがない！」「これがない！」と探しまわる時間は、人生で一番無駄な時間です。

キッチンは主婦がいる時間が長い部屋なので、主婦の城といっても過言ではありません。その城は、快適で動きやすい場所になっていますか？

私自身、料理が得意ではないので調理にかける時間、手間や負担を減らすことができるのが私にとっての理想のキッチンで

「どこに何が、どのくらいあるか すべて把握できていますか?」

お料理はあまり得意ではないので、できるだけキッチンに立つ時間は、短く！が理想です。片づいているとそれが実現します。

我が家のキッチンはリビングからもしっかり見えるので、よりきれいにキープすることを心がけています。

シンクの前は布巾をかけたり、洗い物を置く水切りスペースと、グラス専用の収納スペース。家族が頻繁にお茶を飲むグラスなのでカップボードにしまい込まず、使いやすさ最優先の出し並べ収納にしています。

す。毎日何度も使う場所なので、他の部屋よりも汚れが溜まりやすい場所でもあります。家族が口にする物を作る場所だからこそ、清潔を保ち、安全な食生活を送れるよう、調理だけでなく、掃除のしやすさも考慮しなければいけません。

　こんな重大な責任を担うキッチンですが、現在の我が家のキッチンはストレスフリー。ここにたどり着くまでには、何度も試行錯誤し、収納を変更してきました。

　そう考えると難しく感じる方がいらっしゃるかもしれませんが、大丈夫です。

　ストレスフリーなキッチンは誰でもできます。火まわりには、火に関する調理道具、水まわりには水に関する調理道具、そして汚れの性質に合った洗剤を、使う場所に収めていくだけ。まずは真似する所から始めてみてください。それが快適なキッチン作りへのスタートです。

Rule **1**

使う頻度が高い物を手に取りやすいように配置する

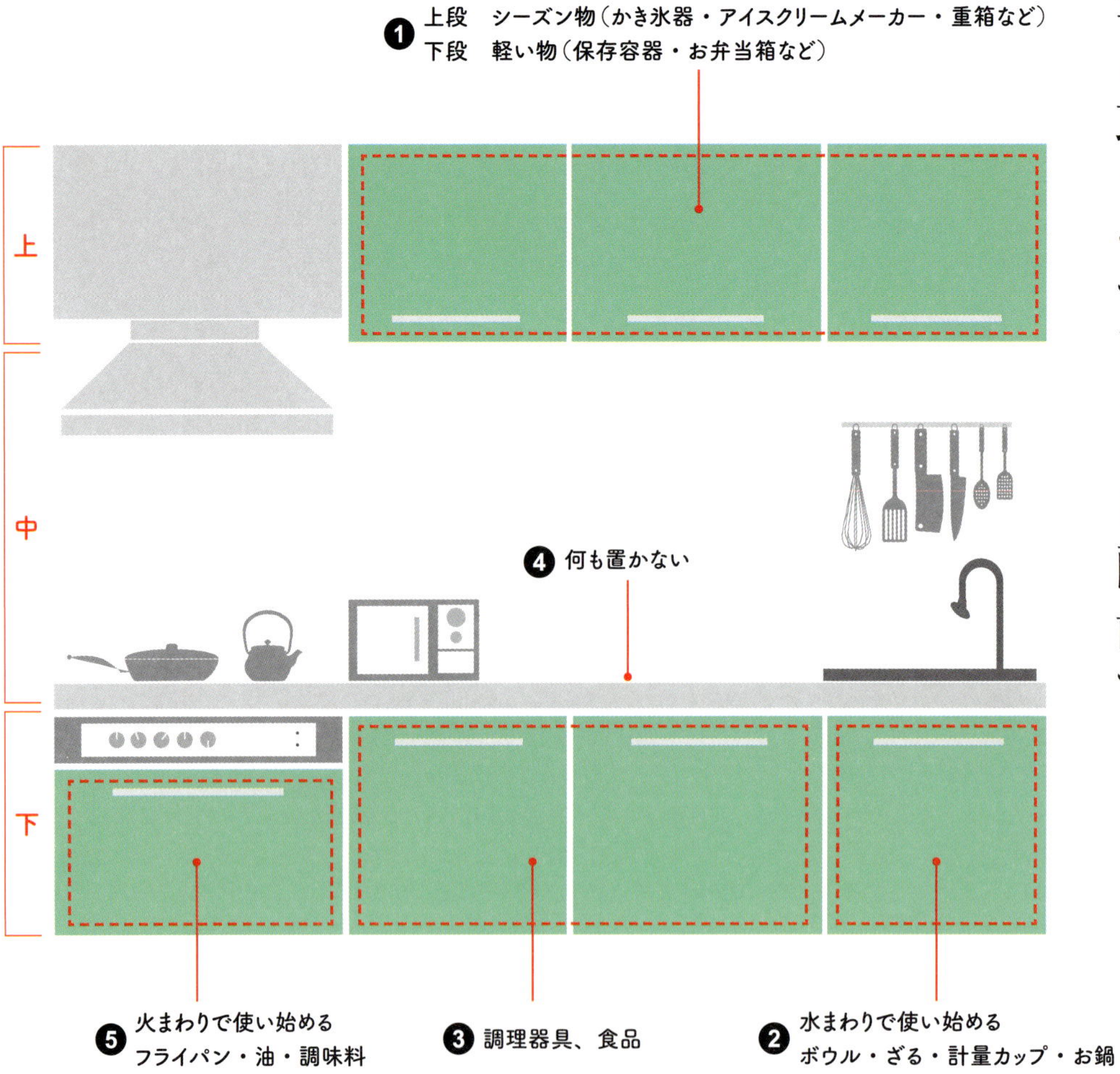

シンクの下は湿気がたまりやすいので、食品は収納しません。お米、素麺、ゴマ、七味、小麦粉、ホットケーキミックス、小豆などは、害虫がわくので注意が必要です。

高さは重要！ 一番よく使う物は真ん中に、次は下段に、最後は上段に収納しましょう

身体的にストレスフリーに使いこなせる高さは、膝の上から胸くらいの高さです。しゃがむ、台に乗る、といった行為は脳がストレスを感じてしまうので使用頻度の低い物を収めるのがベストです。

＋Plus

キッチンの整理収納のステップ

キッチンは毎日使う場所なので、少しでも使いにくいと感じたら、収納を見直すチャンスです。諦めず何度もトライして！

キッチンは食品、食器、調理道具に調理家電と、たくさんの物が集まるスペースなので動線が重要です。使いやすさはしまいやすさと直結しています。しまう高さも考え収めていきましょう。

整理する（減らす）

↓

動線を考える

↓

グルーピング

↓

高さを考える

↓

収納

↓

維持管理

	1日に何度も	1日に1回程度	1週間に1回程度	月に1度程度	年に1度程度（季節用品含む）
吊戸棚上段（台に乗る）				製菓道具など	お正月用品、かき氷機、アイスクリームメーカー
吊戸棚下段（手が届く）	網、ボウル、ざる、計量カップ	保存容器、お弁当箱	バット、おろし器、シリコンスチーマー	製菓道具、ワインクーラー	
膝～胸の高さ	包丁、まな板、ボウル、ざる、計量カップ、計量スプーン、菜箸、お玉などレードル類、食洗機用洗剤、ラップ類、鍋、フライパン、スパイス類	ハサミ、ピーラー、スライサー、みそこし	お掃除シート、バット、おろし器、シリコンスチーマー、缶切り、漂白剤	油こし	
しゃがむ		鋳物鍋、保存容器	カセットコンロ、土鍋、ホットプレート、オーブンの天板	洗剤のストック	

重い物は下、軽い物は上に収納

キッチンには食器だけでなく、さまざまなグッズや調理器具、家電が存在します。重い物はすべて下段、軽い物はできるだけ上段。もし重い家電が上に収納されていたら取り出すのに一苦労！　使う時の取り出しやすさも考えて収納しましょう。

Rule 2

火と水、どちらで使い始める物ですか？

火の近く

コンロの下にはフライパンを

コンロの下にフライパンは勿論ですが、フッ素樹脂加工のお鍋は、炒める調理から始めることが多いのでコンロの下に収納を。

フライパンは立てて収納。

気づいた時にサッと拭けるよう、簡易の掃除道具も。

お玉は立てて収納するとサッと出せます。

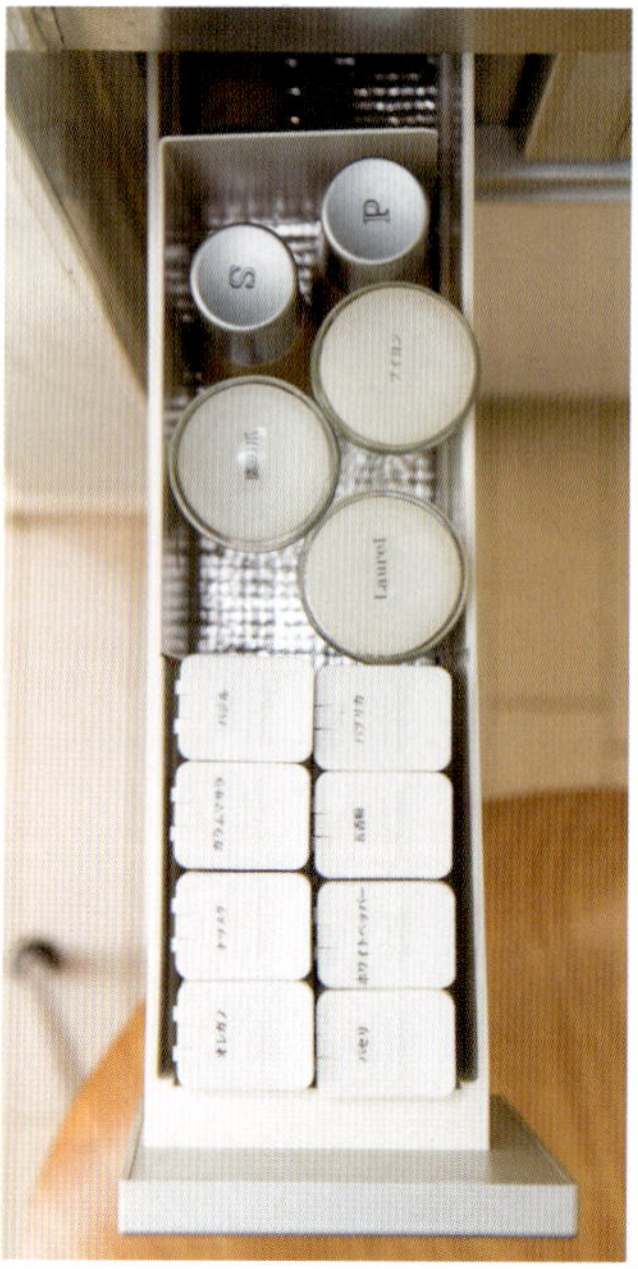

コンロでの味つけに使うスパイスもコンロ近くに

細長く、使いづらい引き出しのサイズに合うスパイスボトルを見つけました。移し替える手間が必要でしたが、使い勝手はその100倍！ 同じ容器が揃うことで空間に無駄がなく、見た目も美しく見るだけで幸せ。P.48でも詳細をご紹介しています。

sarasa design store
スパイスボトル

コンロでの調理に使う調味料もコンロ近くに

砂糖、塩、片栗粉、パック入りの出汁は頻繁に使用するので、ワンタッチで開けられる四角い容器に変えたので空間に無駄がなくなりました。

カインズホーム
片手で開け閉めができる保存容器 正方形 500mL

水の近く

シンクの下には まず水を使う鍋を

ケトル、パスタパンだけでなく、シンクで使用する洗剤もここに収納しています（年齢の低いお子様のいるご家庭は安全面を考慮してください）。

ボウル・ザルは立てて収納します

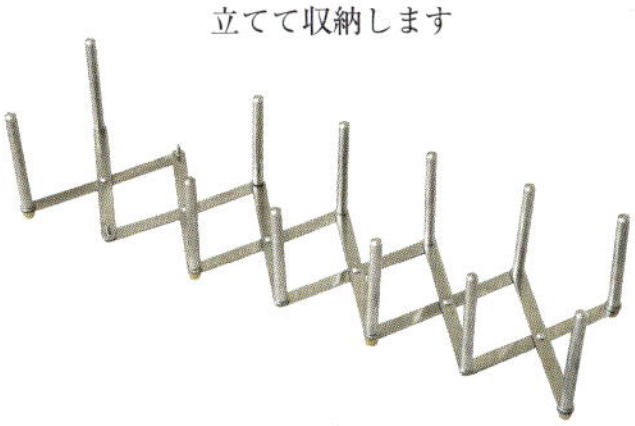

RATIONELL VARIERA ／
IKEA　鍋ぶたオーガナイザー

一部、2段になっています

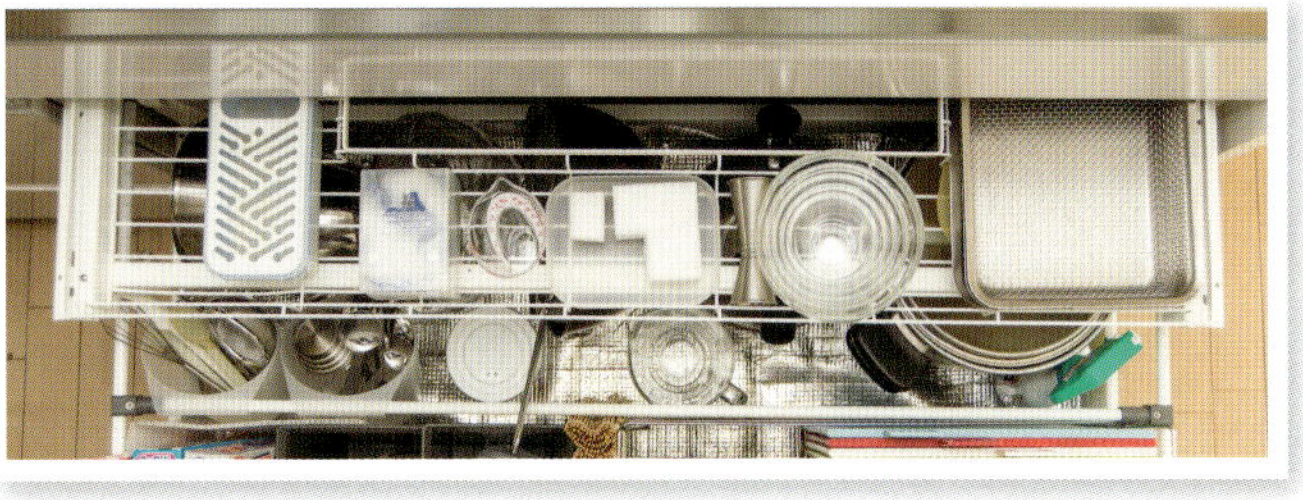

高さがない物しか置けないスペースなので、おろし金やバット、お掃除グッズなどを収めています。

＋Plus

DIY

排水口ネットは 100円ショップのカードケースに入れ 1枚だけを取り出しやすく

以前は、排水口用のネットを1枚ずつ引き出すことができず、ストレスでした。そこで100円ショップのトレーディングカード入れにネットを入れ、箱の上に四角い穴を開け、そこから排水溝用の網を取り出しています。

Rule 3

キッチンの整理の順番は賞味期限切れの物から減らしていく

賞味期限が１日でも切れていたら処分します

ストック食材の賞味期限をすべてチェックしましょう。期限切れの物が予想よりたくさんありませんか？　食べられない物をため込んではいけません。まずは冷蔵庫、次に冷凍庫、調味料や乾物をストックしている保存棚の食品をすべて確認して、期限が１日でも切れていたら処分します。

Rule 4

食品以外にも賞味期限はあります汚れたら……ではなく、いつ替えるか決めましょう

スポンジ・布巾は毎月１日に新しく替えます

「スポンジがクタクタになってきたけれど、前回はいつ替えたかわからない」ということは、ありませんか？　清潔と安全が最優先のキッチンで不衛生は禁物。マイルールを決め、システマチックに新しい物に替えましょう。

月に１回処分→台布巾、スポンジ

Rule 5

冷蔵庫は掲示板ではありません メモは扉の裏側に

我が家の冷蔵庫には貼り紙がなく見た目スッキリです

冷蔵庫の横に紙を貼るのが当たり前のように育ちましたが、結婚して、何も貼る物がないことに気づきました。ゴミの日はゴミ箱に貼ればわかりますし、給食のメニューは子ども部屋に貼っていました。「ただ」「つい」「なんとなく……」を見直すとスッキリします。

リビングの収納棚の裏に大事な学校や締切の書類を

学校行事はスマホや手帳に記載しますが、子どもが知りたいと言うので扉裏に貼っています。そのまま貼ると大きくスペースを取られるので、行事部分だけ見えるようコンパクトに折って貼っています。100円ショップで買ったホワイトボードを、両面テープで扉裏に貼りつけました（P.80でも紹介）。

Rule 6

テーブルクロスやランチョンマットは細かく仕切った棚に収納

サッと出したい布類は畳んでまとめて収納

毎月テーブルクロスの色を変えるので、10枚近くあるテーブルクロス。テーブルランナーやナプキンも入れるとかなりの量になるので、どこに何があるかひと目でわかるように収納しています。

元々の棚板が少なかったため自分で棚板を追加しました

ホームセンターでダボと板を購入し、合うサイズにカットしてもらい、細分化しました。布類を色別、種類別にグルーピングしたかったので、面倒でしたが少し手を加えたことで、取り出しやすくなりました。

毎日何度も使うキッチンの物。
使用品頻度、動線、高さを考えながら適正な定位置を見つけましょう。

カップボードの中

❷ 食器

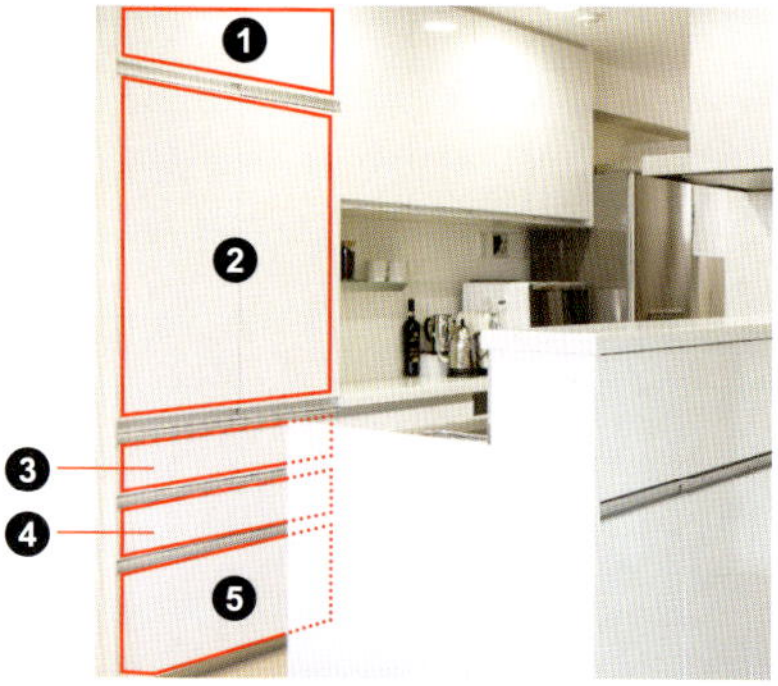

大好きな食器は多めでもスッキリ収納

種類、量、ともに多い我が家の食器。棚板の間隔を狭くして収納量を増やし、なるべく一種類毎に収め、取り出しやすく。上段からガラス、白、黒と収め見た目のスッキリ感も考慮してます。

板を挟んで空間を上下2つに分けて使っています。

❶ 使用頻度が少ない食器

時々しか使用しない食器は手が届かない上の段に収納

重箱や飯台は使用頻度が低いので最上段に。折敷は頻繁に使うので、手の届く下段に収めています。折敷や重箱は塗りですが、箱は捨てました。箱に入れておくと格段に使用頻度が下がるので使うための処分です。

❸ カトラリー・箸置き（上段）

大好きな箸置きはコレクションがきちんと見えるように細かく分類

箸置きは毎食、違う物を使います。好きなのでたくさん持ちますし、取り出しやすさは最優先に。もう少し増やしてもよいように、空きスペースまで確保しています。

下段は頻繁に使用しないカトラリー類を収めています。店舗でもらった割り箸は外装を外して収納を。統一感のない外装が散らかったイメージに繋がります（市販の箸袋を用意していますし、千代紙で箸袋を折ることも）。

❹ お椀・ココット

同じ種類の食器は重ねて収納

同じ種類の食器を重ねています。種類の違う食器を重ねると、引き出しの開閉で崩れる可能性もありますが、同じ種類なので崩れたり、倒れたりすることがありません。

フタはできるだけ上下ひっくり返して、高さを出さないようにし、かつ重ねて収納できるようにしています。

❺ 食品のストック

食品ストックは消費期限がわかるように

ニトリのボックスを４つ並べ、左２つは開閉済みの食品、右２つは未開封の食品を収めています。開いている物から食べることで、消費期限切れのロスを防ぎます。

❻ お弁当箱、使い捨て容器、季節の食器

使用頻度の低い道具を上の棚に

吊戸棚の中は、カゴで空間を仕切ります。高くて奥行のある棚板なので、グッズを並べると取り出しにくくとても不便。カゴに分けて収納することで、高い所の物も取り出しやすいだけでなく見た目もスッキリ。

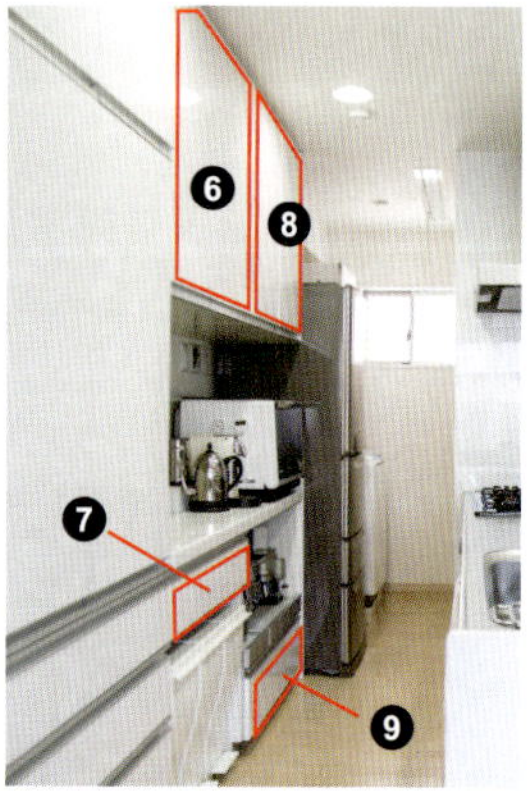

木のトレーやおしぼりトレー、懐紙など、和のグッズをまとめています。立てて収納すると見渡せて便利。

スタンドミキサーとコンパクトフライヤーは使用頻度が低いのでカゴに入れて収納。

❼ お弁当グッズ

細かく分類すると使いやすい

苦手なお弁当づくりを楽しい気分にさせてくれる、数々のお弁当グッズ。特に可愛いピックは小さいので、細かく仕切っています。上から見渡せるので、選ぶ楽しさと取り出しやすさを兼ね備えています。お箸ケースは横にして立てるのがポイント。

時々しか使わないデコ弁グッズは下段に。2階建て収納で、収納量は2倍、使いやすさはそれ以上。

❽ 製菓道具、紙ナプキン、ホイル・ラップ

形がばらばらのキッチン道具を無印良品のファイルボックスに

製菓道具、シリコン型、ワックスペーパー、紙ナプキン、ホイル・ラップのストックなど、細かい物を10cm幅のファイルボックスで分類することにより、たくさんの物を効率よく収納します。

自立しないワッフルメーカーは、ファイルボックスに入れて立たせました。

❾ お菓子やカップ麺などの嗜好品

動線を最優先した収納を実現

キッチン家電コーナーの下は嗜好品を。サプリ、お菓子、カップ麺、パンの定位置に。トースターの下にパン、電気ポットの下にカップ麺。動線も考えたグルーピングです。

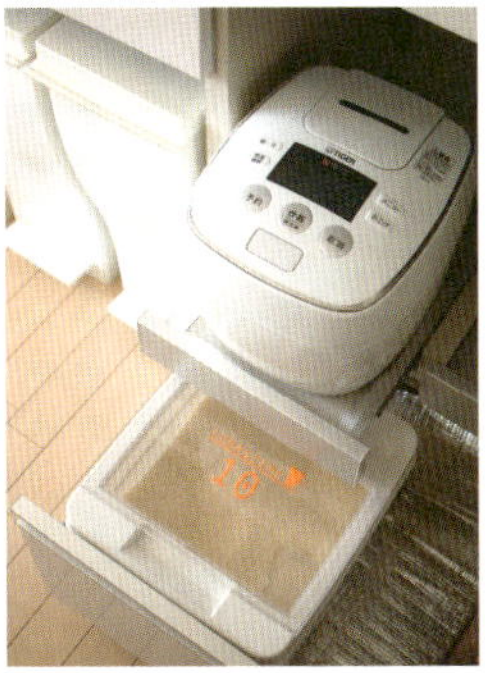

炊飯器の下にはお米、玄米を収めています。徹底したグルーピングのおかげでノンストレス。

❿ スパイス

100円ショップのブックエンドを
横に寝かせて、引き出しの仕切りに

四角いスパイス容器に入れて無駄なスペースなしに

ガスコンロ横のスパイス用の引き出しは、狭すぎて使いづらいスペース。ようやく見つけたsarasa design storeのスパイスボトルは狭い引き出しにピッタリのサイズ。眠っていた引き出しが、ようやく生き返りました！

⓫ 背の低い容器に

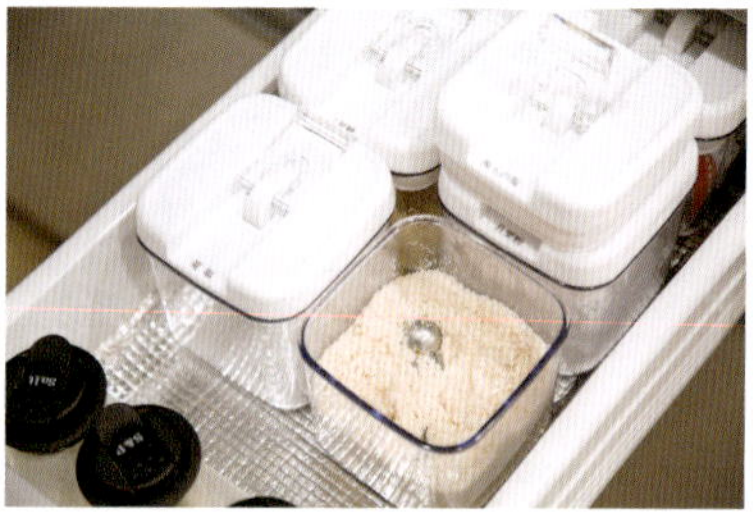

砂糖、塩、片栗粉

塩の容器には小さじ、砂糖、片栗粉の容器の中には大さじをセットし、計量スプーンを取り出す手間を省きました。容器を引き出しの中に入れたまま、ワンタッチでフタを開けて、使用することができ、とても便利です。

⓬ 背の高い容器に

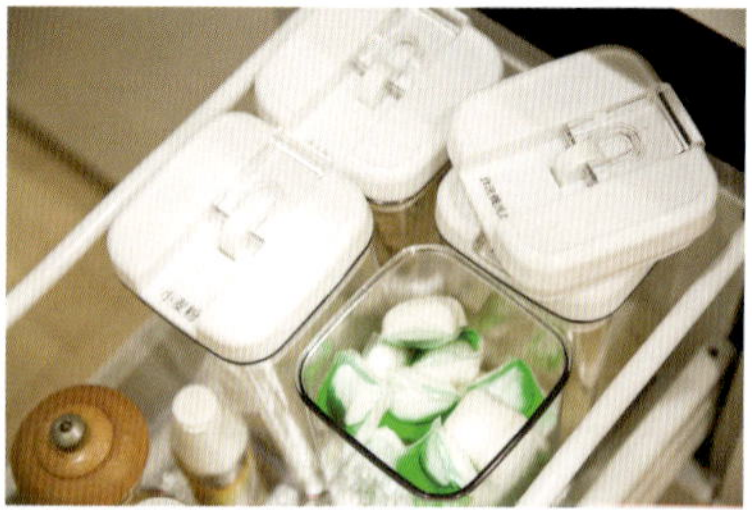

パン粉、小麦粉、食洗機洗剤

パン粉や小麦粉、食洗機洗剤はカインズホームの片手で開け閉めができる保存容器（正方形1300ml）に。（⓫は片手で開け閉めができる保存容器正方形500ml）袋で保存するより、出し入れしやすいのがポイント。

＋Plus

気づいたときにサッと水まわりの掃除ができる仕組み

「掃除は嫌い、でも汚いのも嫌い」この矛盾を解決するには、汚れがたまる前に掃除すること。100円ショップの使い捨てお掃除シートを使用し、手軽にきれいをキープしています。台布巾で拭くと、布巾を洗う手間が生じるので、その手間と労力を省きます。

Lesson 03

Washroom & Bath

洗面所・トイレ・お風呂

Lesson 03

Washroom & Bath

洗面所・トイレ・お風呂

ホテルにチェックインしたときのような光り輝く水まわりに

洗面台、トイレ、お風呂といった水まわりは、きれいな状態にキープしたいけれど難しい場所ナンバーワンかもしれません。でもちょっとした環境づくりで、ホテルのような水まわりになります。

「余分な物を置かないことが
ラクに清潔感をキープできるコツです」

お風呂を使った後の水気が、カビや水あかの原因です。一度付くと、掃除が大変なので、付かない工夫を！　我が家は水気をためないよう、床にできるだけ物を置かないようにしています。洗面器も使用した後は吊るして乾燥させています。

以前の住まいでは、トイレマットを敷いていましたが、マットを毎日洗う手間と、床掃除をする手間を比べると、床掃除をするほうが私にはラクだったので、マットは撤去しました。

パブリックなスペースはリビングだけではありません。

トイレ、洗面所は来客も使用する可能性のある、パブリックなスペースですので、常に清潔にしていることが重要。

ただ、家族みんなが毎日使用する場所なので、汚れが蓄積されやすいのが難点。汚れをため込まないためには、まとめての掃除より毎日、短時間のマメな掃除がラクです。

特に洗面所は衣類の着脱をする場所なので、目に見えないホコリがたくさんあります。

私の場合、掃除が嫌いで、掃除にかける時間がもったいないので簡単に掃除ができるよう、洗面所、トイレには必要最低限の物しか置きません。

物がないと、物を退ける、避けることがないので、掃除にかける時間がごくわずかですみます。お風呂も床に置いているのは、椅子だけにして、掃除をラクにしています。

Rule 1

洗面台まわりは「5割」収納！どこに何があるかすぐわかって時短に

時計も置きたくないので、100円ショップのフックを貼りつけ、そこに掛けています。

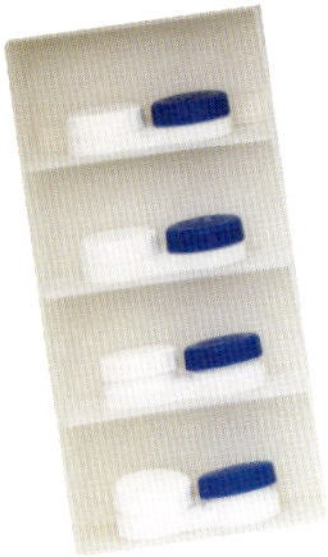

家族4人全員がコンタクト。散らかってしまうケースは無印良品のトレーを縦にして、両面テープで奥の壁に貼りつけています。

8割じゃなく5割収納で忙しい朝も混雑なし

ガランとした洗面所の棚。今は5割収納ですが娘たちの成長とともにここも埋まっていくはず。その時のために、無駄な物は置かず空白を楽しみます。

カチューシャや眼鏡はフックに掛けて

絡まりがちなカチューシャは、100円ショップのフックを貼りつけて、そこに掛けています。家の色々な場所につい置きがちな眼鏡も、このフックに掛けるようにしてから、迷子にならなくなりました。

掃除が面倒になる物は置かずに浮かせる！

うがいに使うコップは、棚に置くと水がたまったりするのが嫌で、吸盤で側面にくっつけています。

Rule 2

細々した物はとにかく仕切る

洗面ボウルの真下にある引き出しは細かく仕切り、2階建てに

横に長い引き出し。スペースを有効に使いたかったので、2階建て収納にしました。散乱しがちな細かいグッズも、細かく仕切れば迷子にならず、取り出しやすさ抜群です！

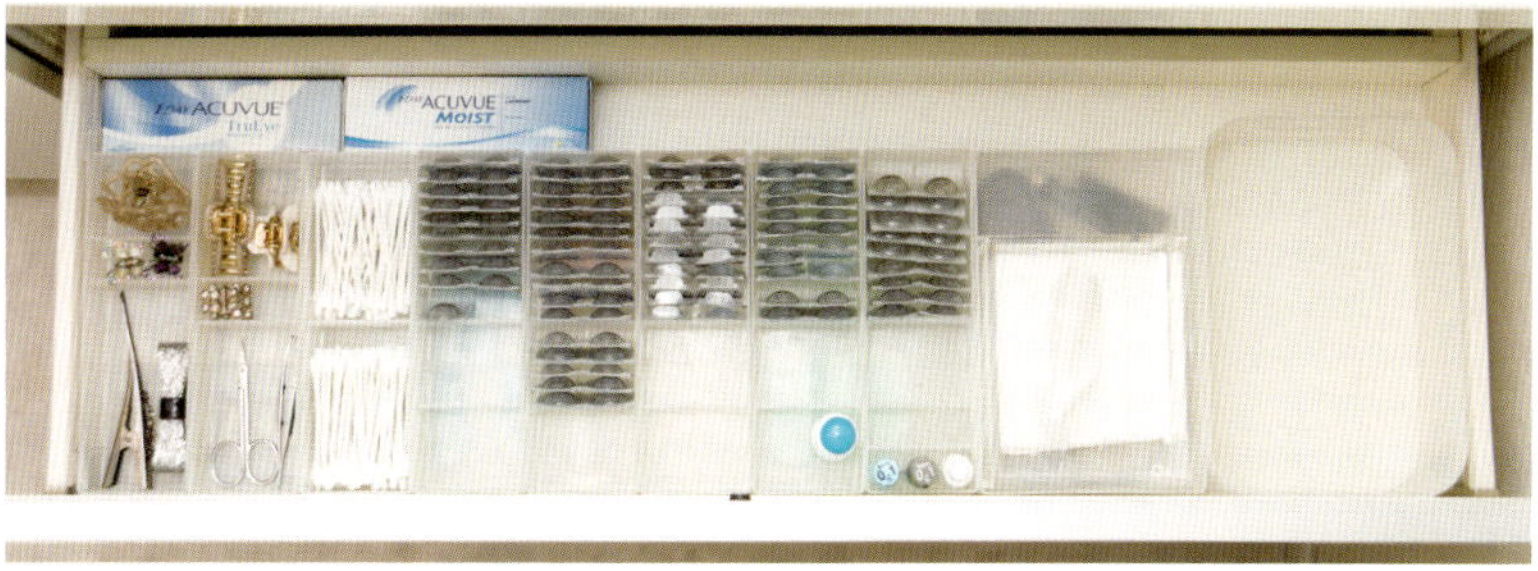

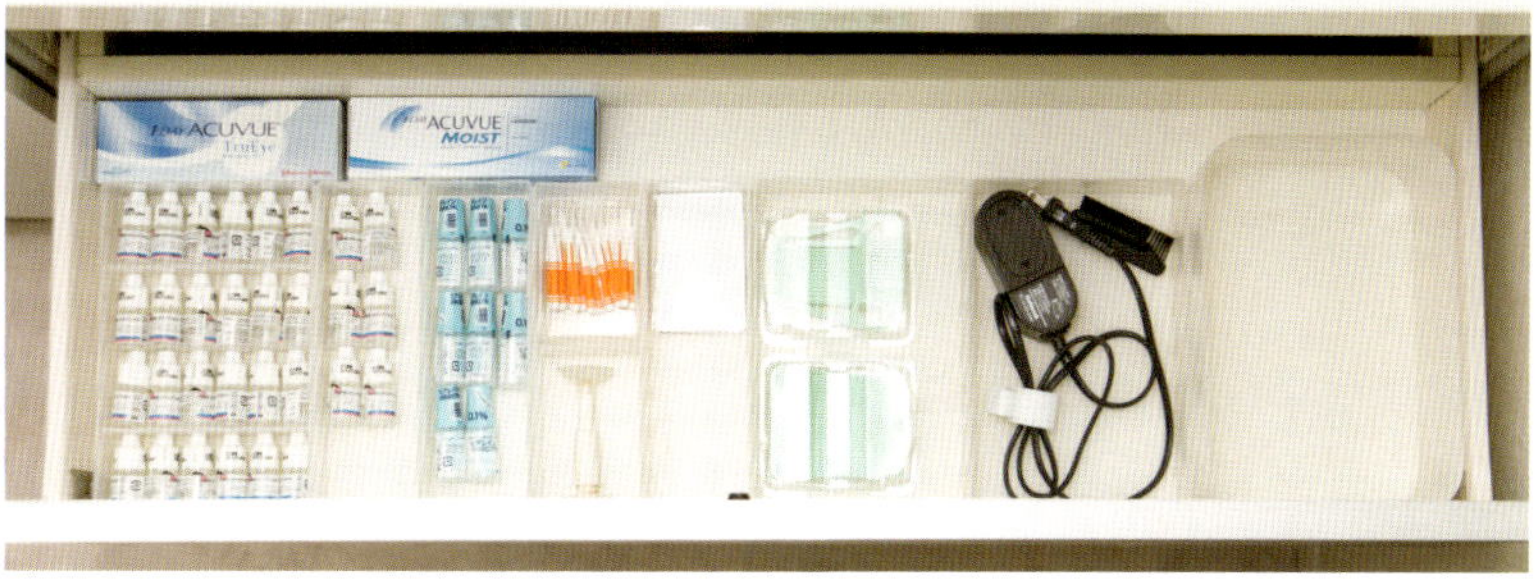

上の仕切りをはずすと！

ここだけは、夫の目薬が大量にストックされていますが、2階建て収納の下の段なので、よしとしています。

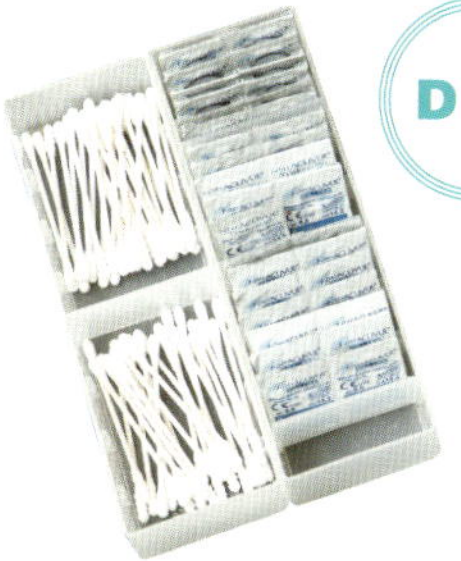

DIY

無印良品のポリプロピレンデスク内整理トレーで仕切り、取り出しやすいよう、両面テープで合体させています。

＋Plus

使用途中の箱はすべて捨てます

コンタクトレンズは毎朝使用するので、ワンアクションで取り出せるよう、箱から出しています。箱の存在があると、中身がたくさん入っていると錯覚するから。コンタクトレンズだけでなく、絆創膏や、生理用品も容器から出しています。

Rule 3

お風呂まわりにも個人のスペースを作って物が散らからない仕組みに

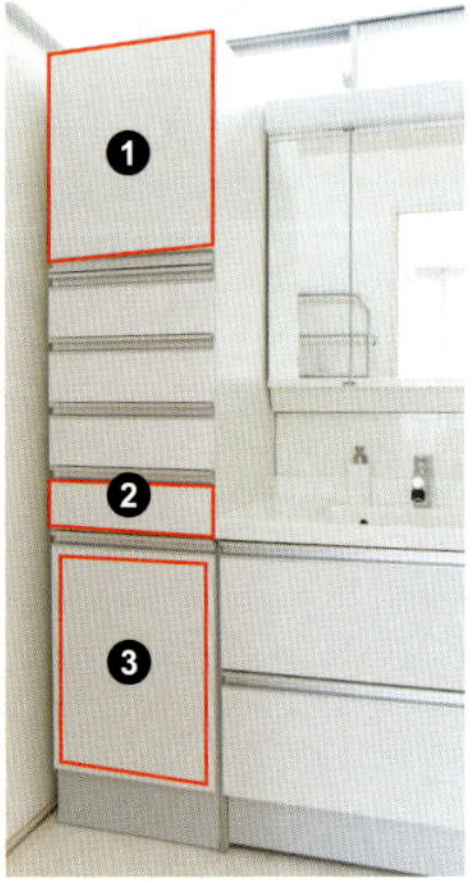

1

入浴の際に使うタオルや着替えを置く場所を作っておく

洗面所で使うタオルのみ、ここに収納しています。スポーツで使用する個人のタオルは個人のクローゼットに収納を。

2

入浴の後に使う家族全員の下着類はお風呂のそばに

我が家のクローゼットは1階、お風呂は2階。動線を考慮して下着類のみ、まとめて洗面所に収納しました。

使う場所に収納するのが◎

3

行方不明になりがちな洗濯ネットは引き出し裏に掛ける

ゴムを付けた洗濯ネットを100円ショップの配線用フックに掛け、その中に洗濯ネットを入れています。各自の下着類は脱いだ際、自分で洗濯ネットに入れ、奥の脱衣カゴに入れてもらいます。

Rule 4

洗濯機まわりは洗濯がすぐに、ラクにできるように

DIY

洗濯機の上に棚を作りそこに洗濯に必要な道具を収納

ハンガー、洗剤など、カラフルな物は棚に置いてパネルカーテンで色の氾濫を隠します。

パネルカーテンでシワなくスッキリ

2段の棚はハンガーが掛けられるように、奥行きを深く作りました。上段の奥には手が届かないのでボックスに洗剤の予備を入れています。

タイルを両面テープで貼り、その上に洗剤類を置いています。洗剤が漏れてもサッと拭けてお手入れがラク。

洗濯機の横が掃除コーナーなので、フローリングワイパーの替えシートやハンディークリーナーの紙パックもここにまとめて収納しています。

絡まりやすいハンガーは突っ張り棒を渡して、そこに掛けています。サッと取り出しやすい。

ピンチハンガーはL字金具を両面テープで天井から付け、倒れないように立てて収納しています。

Rule 5

シャンプーやリンスのストックは極力持たない

シャンプーやリンス、ハンドソープのストックは引き出しに入るだけ

スペースが狭いこともありますが、ストックは多くてひとつしか持たないようにしています。食品ではないけれど、洗剤やシャンプーなども新鮮な物を使いたいですし、たくさんあると管理が面倒。安売りはお得感を買っているだけなので多く持たない生活を心がけています。

引き出しが深いと、ごちゃごちゃになりがち。最低限のストック、洗剤などは、無印良品の10cmと15cm幅のファイルボックスで仕切って、入れています。散らからず、何があって何がないのか一目瞭然になります。

バケツは四角がおすすめ

スペースを取るストックがないので引き出しにバケツも収納できます

Sattoのバケツ
雑巾やブラシ類はバケツに収納しています。中のごちゃつきはフタをすることで軽減されますし、四角いバケツは空間に無駄がないのでとても便利です。

+ Plus

試供品はその日に使います

試供品はもらった日から使い始めます。旅行用に大切に保管している人もいますが、旅行の時は環境が変わり、お肌が荒れやすくなります。初体験の試供品で何かトラブルがあったら悲しいので、旅行にはいつも使っている物を持っていきます。容器の中でも少しずつ時は進んでいます。劣化とまではいきませんが、肌につける物は新鮮なほうがよいに決まっているので、自分のために即、使います。それは化粧品以外の試供品でも同じです。

Rule 6

トイレは掃除しやすさを第一優先にマットは敷かない

マットがないことで毎日サッと拭くだけでピカピカに

以前の住まいではトイレマットを敷いていたのですが、現在は毎日来客があり、マットを頻繁に別洗いするのが大変なので、マットはやめました。その代わり、毎日お掃除用のウエットシートで拭き掃除してきれいを保ちます。マットを洗う手間より、床を拭くほうが私的にはずっとラクなのです。

DIY

配管は簡単な板で隠せます

配管がむき出しだった所は、ホコリがたまるのを避けるため、板で配管を隠しています。

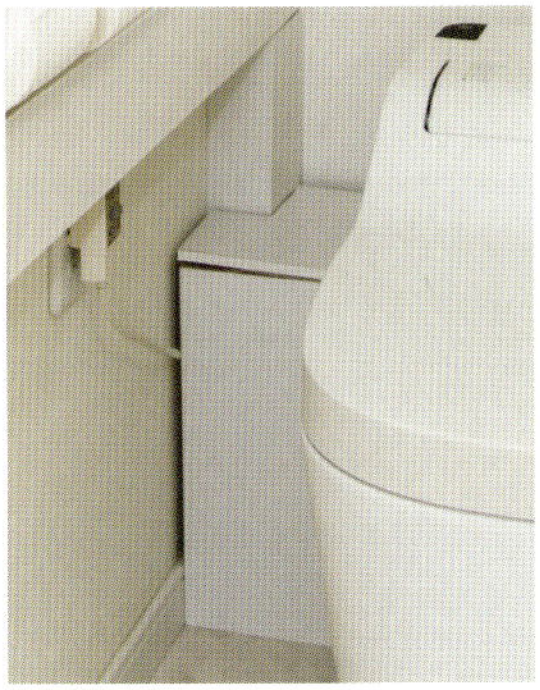

Before

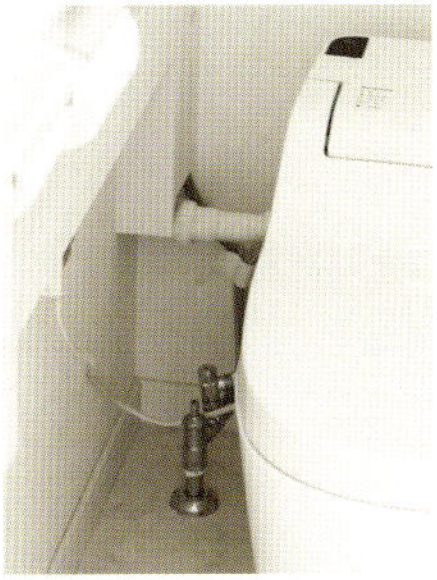

板をつける前はこんな状態です。

+ Plus

我が家のトイレ掃除

ハンディークリーナーで床のホコリを吸い取り、床は使い捨てウェットシートで拭く。同じく、ウエットシートでまわりの棚、便器のフタを拭き、最後に便器を拭き取ります。便器を自動で洗浄してくれるトイレなので、便器の中のこすり洗いは要りません（年に1度くらい）。

Rule 7

お風呂は掃除しやすさ優先で「掛ける」収納 置く物は白に統一

洗面器は シャワーのフックに 掛ける

洗面器を掛けているフック、実は洗面器用のフックではなく、シャワーホースが床につかないようにホースをキャッチ。これを本来の目的で使わず、洗面器を掛けています。

RETTO　お風呂椅子＆桶セット

雑然と見えがちなシャンプーやソープは 白いボトルに移し替えて見た目爽やか

シャンプー、リンスの容器は sarasa design store の b2c のローションボトル、ボディーソープの容器は、b2c ムースボトル。ボディーソープがムース状で出てきます。どちらもセラミック製なので丈夫ですし、ポンプ部分だけ別途購入できるのがうれしい一品。

sarasa design store
b2c ローションボトル、b2c ムースボトル

毎日使うお掃除道具は 白系に統一して 掛けて収納

左から、無印良品の泡立てボウル、スポンジワイプ、すみっこブラシ、フッキングスポンジ、フランフランのスプレーボトル。「掃除道具です!!」と、掃除グッズを主張させたくなかったので、壁と同じ色の白を揃えました。市販の洗剤も容器に移し替えるだけで、主張を消してくれます。

Lesson 04

Entrance & Closet

玄関・クローゼット

Lesson 04

Entrance & Closet

玄関・クローゼット

玄関は家の顔です。第一印象が決まります

家族が毎日出入りし、お客様の目にも触れる玄関は、その家の顔ともいえる場所。毎朝顔を洗うように、玄関は常にきれいにキープできる環境にしましょう。

「掃除が苦手な私でも玄関だけは毎日しっかり掃除します」

玄関の三和土（たたき）には、靴は一足も出しません。自分たちの靴は、脱いだらすぐに、隣にあるクローゼットの靴箱に片づけるようにしています。

家族全員の靴が収納されています。脱いだ靴をすぐに収納できるように、竹炭を利用して乾燥・脱臭室になっています。

玄関を入って正面にあるクローゼットに、靴や傘、バッグなどを収納しています。出かける前の身だしなみ、帰宅した後の着替えなどが玄関まわりで完結するようにしています。

家族4人分の靴、バッグ、洋服、小物が収められているクローゼット。家を建てる時に、こだわって作ったスペースです。

玄関は家の顔であり、幸せの入口です。

自分自身が毎朝顔を洗い、メイクするように、玄関も同じようにきれいにしていますか？

汚れた三和土《たたき》、散乱した子どものおもちゃや使用していない傘がたくさんある……。もし、自分自身が幸運の神様だとしたら、このような状態の玄関から家の中に入りたいと思うのでしょうか？

ベビーカーや子どもの外遊び用のおもちゃ、置き場がないのなら玄関に置いてもかまいません。大切なのは置き方です。

散乱させず、「きちんと感」のある置き方が重要です。ベビーカーなら倒れかけではなく、きちんと自立させることが大切。

靴が出ていない三和土は、きちんと感100点の玄関です。脱いだ後の靴の臭いが気になりますが、下駄箱内で靴がきちんと消臭できるようにすれば、三和土に置くより効果的です。

Rule 1

三和土《たたき》には靴も傘も置きません

脱いだ靴はすぐにしまうように徹底しています

我が家の玄関は２つあり、家族が靴を脱ぐのは一番奥のファミリー玄関。とても狭いので三和土に靴は出しません。シューズクローゼットは靴の乾燥室。竹炭で臭いも湿気もシャットアウトです。

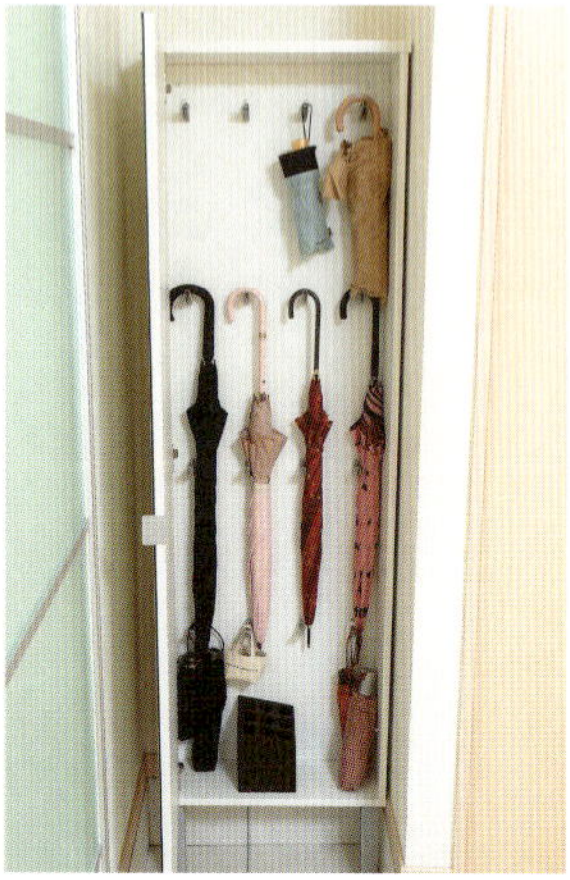

傘は、一人１本を原則にしています。ビニール傘は持ちません。時々、主人が買ってきますが、その時は車の中に置き、外出時のもしもの時ようにしています。

靴箱を、すぐに靴が乾かせ、じめっとしないような乾燥室にしています。

Rule 2

家の顔です 毎日掃除をして幸せの入り口に

玄関がよい香りだと、
うれしくなりますよね。
来客にも好評です♪

2階用のアロマランプ。

アロマランプで、玄関を幸せな香りにしています

アロマランプは15年程前に、義母から譲り受けた物。中の芯を何度か取り替えて愛用しています。2〜3分火を灯してから、火を消し、香りを楽しみます（15分程でキャップを閉めます）。香りはバーベナ。最近はこれ一筋です。

Rule 3

玄関は物置ではありません おもちゃやゴルフ道具を玄関に置かない

どうしても玄関に置く場合はきちんと感を心がけて

極力、ベビーカーや遊びのグッズは置かないで！　スペース的に難しい場合は、直立させる、清潔にするなど、きちんと感を出しましょう。玄関は家の顔です。

Rule 4

靴は脱いだらすぐに靴箱へ 靴箱自体を大きな乾燥室にする

工夫して収納量を増やすシューズクローゼット

天井から床まであるシューズクローゼット、一見、たくさん入りそうに見えますが、横幅が狭いため、見た目ほど収納量はありません。靴の並べ方を工夫して収納量を増やしています（夫の靴は右の棚にもあります）。

男性のスニーカーは
つま先とかかとを交互に

男性の靴は横幅が広く、すべて同じ向きに収納すると出し入れしづらいため、交互に収納しています。

パンプスは揃えずに前後に少しずらす
ほうがたくさん入ります

靴屋さんのディスプレイのようにずらすと内側の凹みに上手く入り、コンパクトに収納できます。

竹炭入り
お手製シューキーパー

DIY

我が家は昨年から靴の脱臭を竹炭に変えました。竹炭は湿気の多い時には湿気を吸収し、乾燥してくると吸収した水分を放出して、湿度を調整する調湿機能に優れています。我が家は、天日干ししやすいように、オーガンジーの巾着袋に竹炭を入れて靴に忍ばせています（だしパックなどの不織布も可）。天日干しする時は、洗濯竿に引っかけられるのでラクですよ。

消臭機能が弱まったと感じた時は、晴れた日に約5〜6時間程度天日干しすると、復活します（消臭・除湿効果は半永久的に続きます）。

靴に

バッグに

ブランド別　我が家の定番収納アイテム

収納力をアップしてくれる収納用品。便利そうな物はつい買ってしまいがちですが、収納アイテムこそ慎重に！　家は家族とともに変化しますから、同じ物を買い足したりできるのも必須の条件です。我が家の定番収納アイテムを、ブランドごとに紹介します。

ロングセラーが多く、いつでも買い足せる安心感があります。
計算しつくされたシンプルで無駄のないデザインも使いやすい。

無印良品

我が家の書類をすべてに収納しています

整然と並んだファイルボックス。取扱説明書や書類はもちろん、ラベルライターやプリンタのインクもこのボックスに収納しています。持ち運びが便利で、使い勝手がよい絶妙なサイズ感がお気に入り。中身のラベリング表示は必須です。

書類は細かく分類して、欲しい物にすぐ手が届くシステムを作ります。

ポリプロピレンファイルボックス・スタンダードタイプ・A4用・ホワイトグレー
約幅10×奥行32×高さ24cm
真四角なファイルボックスは家中で大活躍。書類だけでなく、キッチンや洗面所でも使用しています。15cm幅の物もありますが10cm幅がオススメです。

キッチンの細かいグッズを入れています

キッチンには自立しないシリコンの型や、カラフルなクッキー型やペーパー類など、たくさんの種類と物が。ボックスに入れれば自立しますし、雑多な物も正面から見ると見た目もスッキリ。

細かい分類をするため、10cm幅のファイルボックスが大活躍。

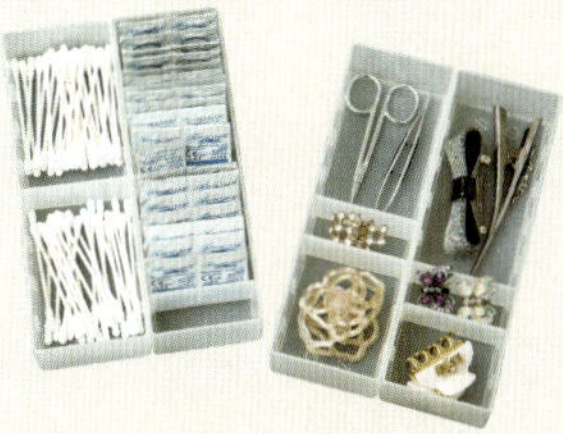

両面テープで組み合わせて、各引き出しにぴったりの形にリメイク。

立てて使い、家族４人分のコンタクトケース置き場に。

ポリプロピレンデスク内整理トレー3

重ねたり、立てたり、フレキシブルに使えるこのトレー。仕切り板が別売りであるので買い足して細かく仕切れることがポイント。

ラベリングもしっかりと

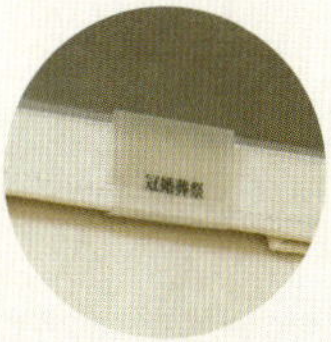

１階のクローゼットの上に、冠婚葬祭や季節物を収納しています。

布貼組立式ボックス

組立式のボックス。マジックテープで簡単に組み立てられます。フタがついているのでホコリ避けに便利ですし、使わないときは板状になり保管も省スペース。クローゼットにピッタリ収まり見た目もスッキリ、気持ちいい！

アルミハンガー紳士用

スーツ用のハンガーは型崩れしない幅広設計です。

アルミ洗濯用ハンガー・3本組

軽くて薄くて丈夫なハンガー。いつでも買い足せる安心感も。

ポリプロピレンハンガー・薄型・ピンチ付　幅41cm

娘たちの制服用に。上下がひとつのハンガーに掛けられます。

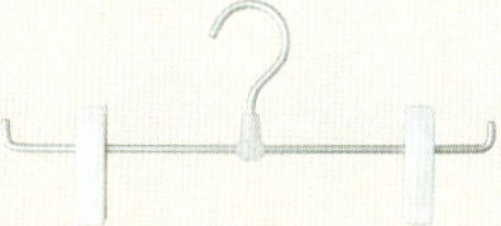

アルミハンガー1段・スラックス／スカート用

普段のスカートはこのハンガーを愛用しています。

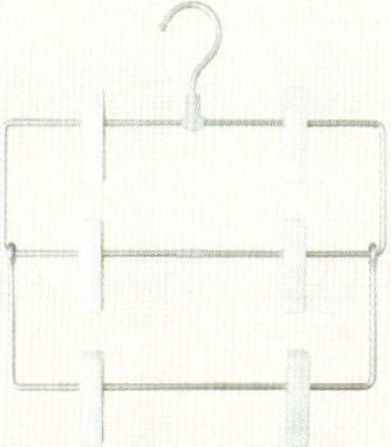

アルミハンガー・3段・スラックススカート用

コンパクトに掛けられるのでオフシーズンのスカートはこちらに。

IKEA

北欧のシンプルながらかわいいデザイン、そして安さが魅力的です。
人気があっても廃番になる物もあるのが注意点です。

BYGEL/ビーゲル シリーズ

大きさ、カラーともに使いやすさは抜群！ それに加え、チープな価格なのも魅力的。引っかけて色んな場所で活躍しています。

キッチンで計量スプーンや小さなマドラーなどを入れています

軽量スプーンや、マドラーなど細かいキッチングッズを立てて収納できます。上から見て何があるかよくわかりますし、取り出しやすくて◎。ビーゲルの底には小さな穴があいているので、少々濡れていても底に水が溜まることはありません。

キッチンツールは、食洗機に入れることを考え、丈夫なステンレス素材を揃えています。

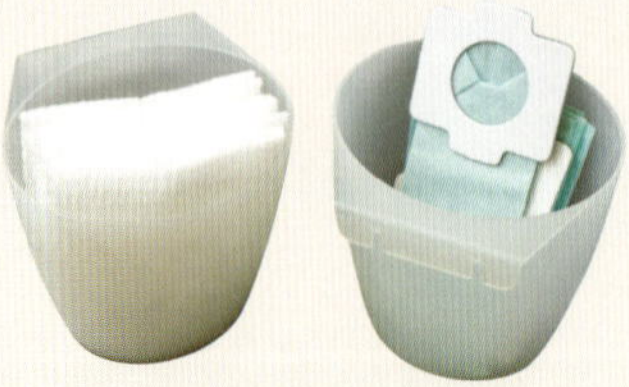

ビーゲルは数種類の色がありますが、見た目に圧迫感のない白がおすすめです。

クイックルワイパーや掃除機の紙パックの替えを

IKEAのビーゲルを引っかけ、掃除グッズを入れています（ハンディークリーナーの紙パックとクイックルワイパーの取り替えシート）。上から見ることができ、取り出しやすく、在庫管理もしやすいです。

家具はIKEAの VÄTTERN（現在廃番）。IKEAの家具には、IKEAの収納グッズがサイズ的にもピッタリ。VARIERAの中にはナプキンリングやおしぼりなどの小物を収納しています。

IKEAの家具にはIKEAの収納グッズがおすすめです

VARIERA

両サイドに穴があいてるので、持ち運びしやすくなっています。深さも程よくあり、キッチンだけでなく持ち運びするようなベビーグッズや子どものおもちゃ収納にもおすすめです。

ボウルやざるを立たせる

蛇腹式に開くので、等間隔にしか開かないのが難点ですが、ボウルやざるは、重ねるより立てたほうが取り出しやすい。

RATIONELL VARIERA
（鍋ぶたオーガナイザー）

柱は組立式なので1本抜いて間隔を広げ、大きなボウルも立つようにしました。間隔は変えられますので、収納する物の大きさに合わせて！

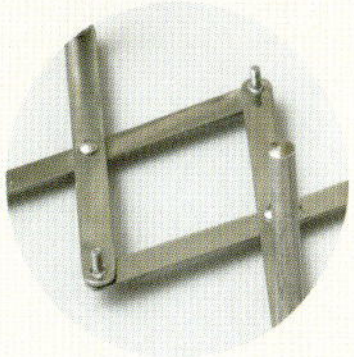

柱を1本外して、間隔を調節

クッキーの型などこまごました物を収納するのに便利です。

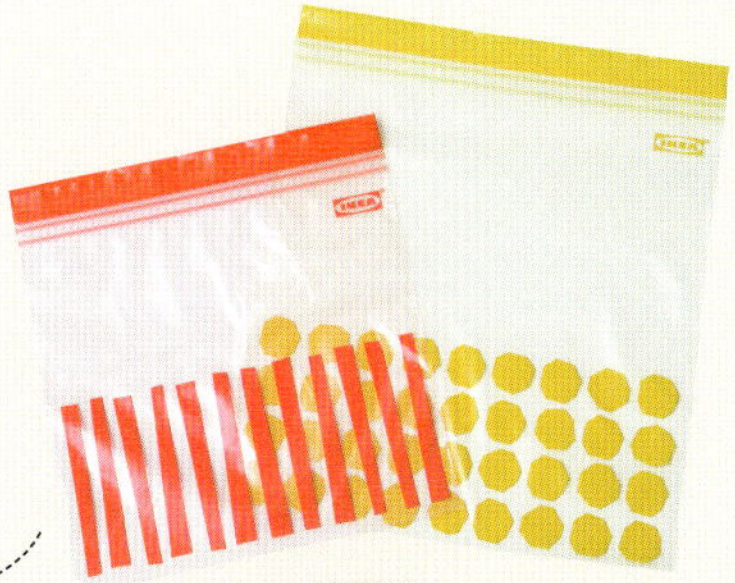

ISTAD

サイズが豊富なジッパー付ビニール袋。細かい分類が得意です。キッチングッズだけでなく、旅行時は衣類を入れたり、夏は水着やビーチサンダルなども入れ、フレキシブルに活用しています。

100円ショップ

店舗数が多く、商品数も豊富です。100円以上の価値がある物がたくさんあります。それを上手に使い分けて！

IKEAのビーゲルを引っかけています。フレキシブルに高さを変えるために、突っ張り棒がおすすめ。

ゴミ箱裏にゴミ袋を取り出しやすく収納

ゴミ箱の真裏に、分別ごみ袋を収納しています。上段はゴミ袋を引っかけ、下段は袋の押さえにしています。押さえがあるので、1枚だけ引き出すことができます。

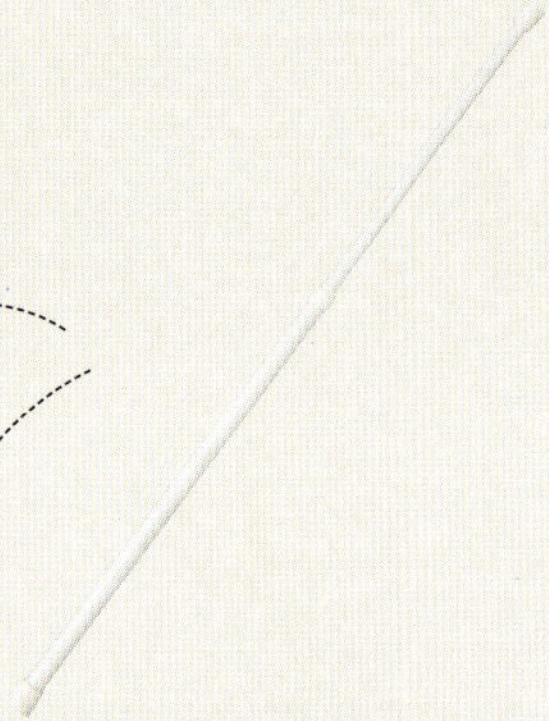

突っ張り棒

サイズが豊富な突っ張り棒。強度を確かめて使用しましょう。見えない場所で使うことがポイントです。

100円の突っ張り棒ではないけど

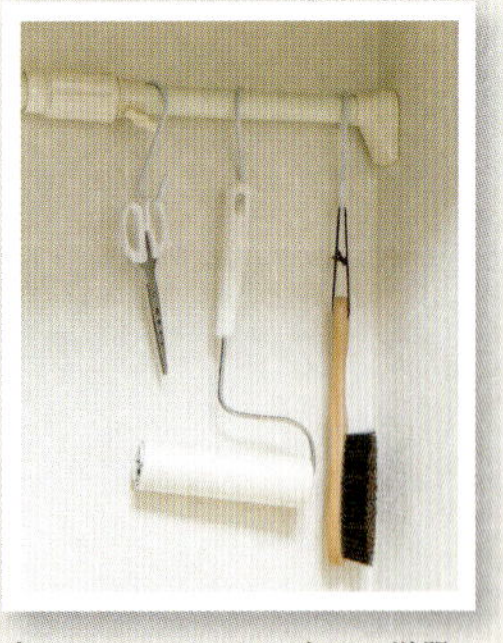

夫のクローゼットの中で、洋服のお手入れ用グッズを下げて。

1階のクローゼット。夫の帽子とベルトを掛けるように。

突っ張り棒にコの字形の板を差し込んだだけ！

DIY

リビングの飾り棚は手作りです

作りつけと思われているリビング、ソファ後ろの棚。実はファルカタ材という軽量の木で作った簡易棚。余った壁紙を貼り、壁との一体感を持たせています。棚の高さを変えられるよう、突っ張り棒を2本渡し、棚を差し込んでいます。奥行きが狭い（15cm）ため、大きい物、重い物が置けないので、突っ張り棒で十分です。

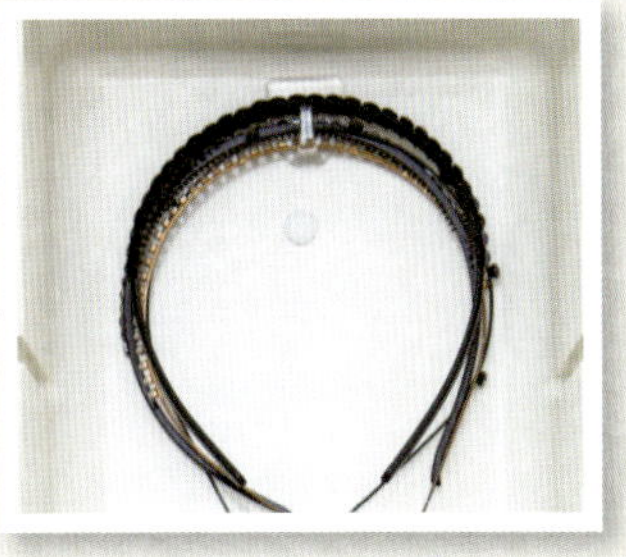

カチューシャを掛けています

細身のタイプが数本あるだけなので、フックで十分です。

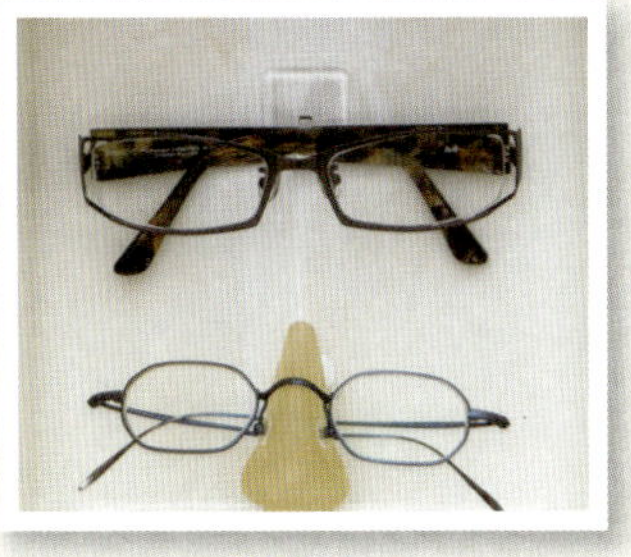

眼鏡を掛けています

眼鏡置き場は洗面所。手軽に引っかけられるのでストレスフリー。

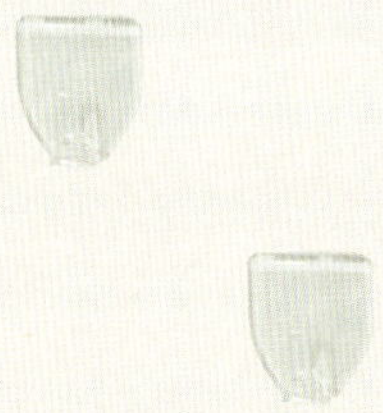

貼り付けフック

100円ショップの粘着フックは、種類が豊富なので大きさ、耐重量さえしっかり守れば万能グッズです。

洗面台に時計を掛けています

朝は一分、一秒も貴重。電化製品は水が大敵。直置きは心配なので、壁に引っかけています。

リビングで裏紙を使う用に

テスト前の勉強用に裏紙を常備しています。常備しているので「裏紙ちょうだい」と言われなくなりました。

オーブン上の引き出し裏にミトンを掛けて

使い勝手のよいミトンですが、カラフルなのが難点。定位置は、レンジの上、ガスコンロの真後ろの扉の内側に引っかけて。

布巾を掛けて乾燥

洗うほどでもないけれど……という時、濡れたまま置いておくのが嫌なので、マグネット付フックに掛けて乾かします。

お値段はお手頃なのに優秀な収納グッズが多い
ニトリの商品も愛用しています。

ニトリ

娘たちのベッド下の収納の仕切りに

ベッドの下は深さのある引き出しなので、スタッキングできるファインボックスが大活躍。よく使う物は上、滅多に使わない物は下に収める2階建て収納に。収納のない部屋ですが、このボックスのおかげで収納量が2倍になり細々したものをすべて収めることができました。

ファインボックス ハーフ

カラーボックス収納用に作られた商品ですが、スタッキングできるので家中で使用しています。

1階のクローゼットの上にバッグなどを入れて

型崩れしやすく、かさ張る季節物のカゴバッグ、フエルト帽、浴衣の作り帯をファインボックスに入れています。スタッキングで省スペースを実現。

フタがあるのも
便利なポイント

ファインボックス クォーター

ファンシーグッズなど、細々した物の収納に便利なクォーターサイズ。それぞれのボックスに合うフタも別売りであるのでホコリの心配もありません。

コンパクトトレー

クッション性があり、クローゼットでは時計置き場、来客時はカトラリーを入れて出します。

ミニドレッサー

鏡を畳めるので、引き出しにも収納できるコンパクトさ。

Lesson 05

Children's room

子ども部屋

Lesson 05

Children's room

子ども部屋

子どもが自分自身で片づけられる部屋を作ってあげましょう

子どもだからといって、大人が片づけてあげていると、いつまでたっても片づけられる人にはなりません。自分で片づけられる力を身につけさせましょう。

大人が持つ「片づけ」のイメージは「面倒くさい」「しんどい」など、マイナスなイメージが先行しがちですが、子どもにとっての片づけは、単なる「物の移動」です。「出したら戻す」、物の移動なので、二足歩行ができるようになればできます！

大切なのは、大人の促し方と、戻す場所（収納環境）作り。

促し方は、簡単。

年齢が低い子どもは大人と一緒に片づける。大人が一緒だと、子どもは片づけも遊びの延長と捉えます。大切なのは、片づけるタイミング。出かける前、食事の前、寝る前の片づけは必須。

片づけも基本的生活習慣のひ

「子ども自身が片づけをすると自立心が身につきます」

昔習っていたバレエの衣装は思い出ボックス（P.78でも紹介）に入れず、部屋のディスプレイにしています。机の向こう側は引き戸で、お互い行き来できるようにしています。

深い引き出しは使いづらいので、引き出しの中はボックスを2段に重ねて使用頻度で上下に分けました。収納環境さえ整えてあげれば、それ以外の収納は娘たち自身がします。それなりに工夫して収納しているので私は手を出しません。

狭い4畳のこの部屋、収納家具が置けないので収納量のあるベッドを選びました。少しでも狭さを感じさせないように使う色は白とピンクのみ。幼い頃から、子ども部屋の家具やファブリックは娘と相談して決めています。

とつです。「食事の後は歯磨きをする」と同じ感覚で、次の行動の前には必ず片づける。これができれば、大人になってからも困りません。「もうすぐ夕食だから片づけようね」「公園に行くからおもちゃ片づけようね」、片づけの先にある、素敵な未来を伝えると、子どもも進んで片づけますし先を見通す力、段取り力が身につきます。

　おもちゃを戻す環境作りは、大人の役割。どの年齢にも共通して言えるのは「難しい収納にしないこと」。見た目やインテリア性に懲りすぎて、難しい収納になっていませんか？

　身の回りの「使用する物」を選んで戻すのが整理。「使用する物」「好きな物」「大切な物」を長期休暇の始めに選び、年に3回、必ず行うことで、決断力、選択力が身につきます。

　やるかやらないかは、大人の促し方次第。片付け力のある子どもに育てましょう。

Rule 1

楽しい収納のシステムを作って きれいを長持ちさせる

パッと開けてきれいな収納には子どもも自ら片づけをします

引き出しの中の収納は娘たち自ら整えていますが、引き出しの中に入れる容器は私が設置しました。ベースになる収納環境を作るのは大人の役割です。

ニトリの優秀な収納ボックスを使って、仕切っています。上下にスタッキングできるから２階建て収納にもぴったりです。

Rule 2

狭い子ども部屋では ベッドの下をうまく利用

狭い子ども部屋でもベッド下にしっかり収納

以前使用していたベッドはジュニアベッド。成長とともに窮屈さを感じるようになったので、収納量たっぷりのベッドに買い換えました。子ども部屋に家具を置くスペースがないので、このベッドにして大正解でした。

スペースを取るキャビネットは最小限に

学年が上がるにつれ、テキスト類が増え本棚が壊れました。修理して使用していましたが、テキストが入りきらなくなったので買い換えました。カラフルなテキストやファイル類の色の軽減と、ホコリ防止のため扉付の物に。引き出しには、裁縫道具や書道道具を収めています。

Rule 3

年に3回！成長に合わせて持ち物を吟味しましょう

ノート、プリント、テスト類

学期末は要不要を見極めて

学年末は教科書の処分も。学年をまたいで使用する物もありますので、学校からのお知らせはきちんとチェックしましょう。学校からの指示がある場合は、それに則ってくださいね。

学用品

長期休暇の初めに買い足す

色鉛筆、クレパスなどの切れた色は休みの始めに買い足しましょう。休みの終わり頃は皆が一斉に新学期準備をするので売り切れのことがあります。

おもちゃ

遊ぶおもちゃだけを残す

対象年齢外のおもちゃがまだ残っている（兄弟姉妹のいる場合は別）なら、お別れも考えて。「いる？」と聞くと、絶対「いる！」と言うのが子ども。「捨てる」という言葉はどこか寂しい響きなので、「お別れ」と言いましょう。

＋Plus

物に第二の人生を！

子どもが大事にしていたおもちゃなどはなかなか捨てづらいもの。でも「お別れ＝捨てる」ではありません。捨てるのに抵抗があるなら、捨てない方法をとりましょう。

・リサイクル店に持っていく

・オークションで売る

・ご近所や親戚に使ってもらう

・公共施設への寄付（絵本など）

「捨てる」は最後の作業です。

Rule 4

子どもの幼い時の思い出の品は「思い出ボックス」の中に収納

増え続ける思い出の品は、まとめてひとつのボックスに入れる

子どもの自由研究の作品や作文など、思い出の品は、階段下の納戸に収納しています。題して、「思い出ボックス」。このクリアコンテナは、ホームセンターコーナンのオリジナル商品。深さがあるので、ノートや冊子は、立てて入れることができます。以前は、長女・次女と、ボックスを分けていましたが、絵画作品を処分したので、ひとつにまとめました。幼稚園の時の、出席ノート。カバーには、その学年の名札や、バスバッジを挟んでいます。へその緒・寄せ書き・期限切れのパスポート・手型・お誕生会のカード・夏休みの自由研究・公文のトロフィー……色んな物が入っています。

Q&A

子どもの絵画制作の作品はどうしていますか？

我が家では、作品を持って帰ってくると、「子ども部屋の本棚の上に飾っておき、次の作品を持って帰ってきた時に、処分する」というシステムを取っていました。でも、幼稚園の頃は、持ち帰った作品で遊ぶこともありましたし、作品を処分するのを嫌がったので、残していました。

家中にたくさんの作品をを置くと、ごちゃごちゃしてしまうので、飾る場所を決めて、「必ずそこに置く」というルールは決めていました。

※日本には四季があります。真冬にこいのぼりが飾っていたりするのはおかしなこと。季節が過ぎて処分できないのであれば、来年まできちんと保管し、翌年飾りましょう。

Q&A

子どもの制作した作品を捨てられません

「写真に残す」という方法もあります。最近はデジタルフォトフレームもあるので、そういう物を利用すると、現物がなくても頻繁に家族で目にすることができますよね。私も子どもが幼い頃は、すべての作品を残す！ という勢いでしたが、やはり限界があります。豪邸ではない我が家では、保管はパス。子どもが大きくなるにつれ、物が増えるのでまったくそういうことにこだわらなくなりました。

Rule 5

子どものやる気を引き出す叱らないお片づけを

子どもが片づけ始める具体的で前向きな言葉がけ！

言葉がけは本当に大切です。「片づけは面倒なこと」と大人が捉えず、片づけた後、どんな楽しい未来が待っているか伝え（片づけた後の行動を伝える）ましょう。片づけた後は必ず褒めてあげましょうね。 片づけたらスッキリする！ 気持ちいい！ おまけにママも喜ぶ!? という片づけに対してプラスのイメージを持ってもらえるような言葉がけ、促し方をするのが重要です。

✕ 片づけてね ➡ ○
- きれいにしてね（大人にも有効です）
- 元の場所に戻してね
- おもちゃのおうちに帰してあげよう

✕ 全部！ 片づけて ➡ ○
- 3つ戻そうね
- ブロックから片づけようね

片づけを嫌がる子には無理に押しつけず、○個戻してね、など具体的な指示を出してあげてください。自ら率先して片づけている子どもには、言葉がけは不要です。

✕ 早く！ 片づけて ➡ ○ よーいドン！

年齢の低い子どもにとって、「よーいドン」は魔法の言葉です。何個片づけられるか、兄弟、大人、お友達、祖父母等とお片づけ競争をするのもひとつの方法。大人と競争する場合は必ず大人が負けてあげてください。

＋Plus

夫婦の寝室には余計な物は置きません

シングルベッドが２つ置けるだけの狭い寝室は、寝るためだけの部屋。人生の三分の一は睡眠といわれる程、重要な役割を担う部屋なので、心地よい眠りと安らぎが得られるように不要な物は置かないようにしています。読みかけの本を入れているカゴや、安眠を促してくれるラベンダーは手作りのプレゼント。見る度にくださった方のことを思い出します。

かんたんDIYに便利

両面テープ

DIYは「釘と金槌が必要」と思い込んでいませんか？　強度を必要としない簡単DIYなら、両面テープで十分。手軽にカスタマイズして使いやすい収納を目指しましょう。

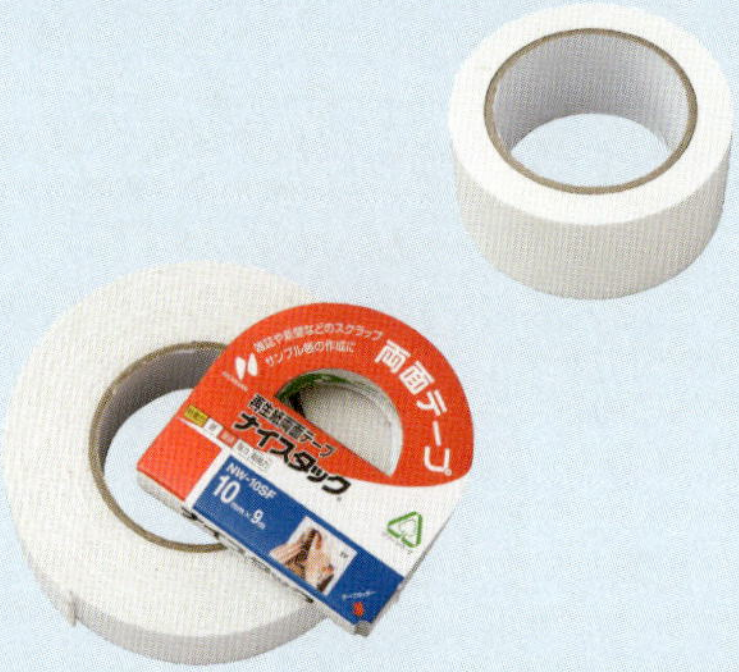

両面テープは紙類を接着させる一般用、プラスチック、木、金属などを接着させる「強力タイプ」の2種類があります。用途に合わせて使い分けましょう。

引き出しの開閉で、中のトレーがガタガタ動くので、トレーと引き出しを強力両面テープで接着しました。強力タイプは厚みがあるのが特徴です。

幅の狭いトレーは両面テープで引っ付けて、取り出しやすくアレンジ。開閉の時のズレが軽減できます。

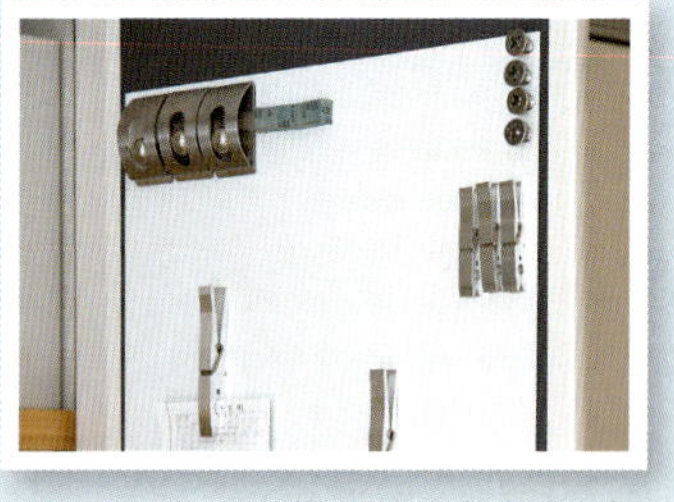

ホワイトボードの枠を外した物を扉の内側に貼り、掲示板にしています。扉側に真四角に両面テープを貼り、その上からホワイトボードを貼るとずれません。

養生テープも使えます！

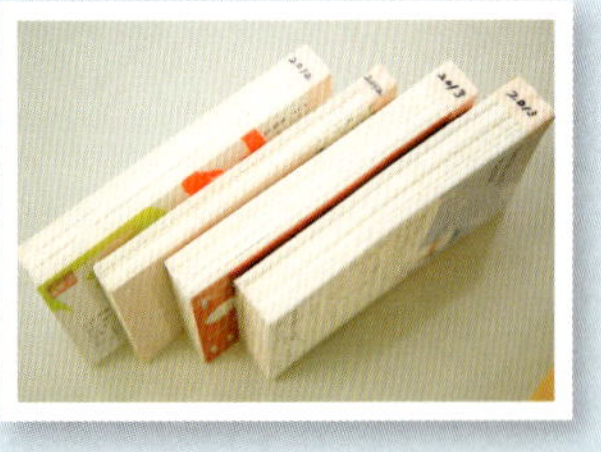

年賀状は年賀状ホルダーに入れず、年度毎に仕事とプライベートに分け、養生テープで本のように留めています。マスキングテープを貼って年度を記入。以前、らくだ色の布ガムテープで留めていた年度は、見る度に気分が下がったので、それ以来、色付の布ガムテープまたは養生テープつきを使用するようになりました。製本テープでも構いませんが、年に一度しか使用しないのでフレキシブルに使える布ガムテープの方がおすすめです。

プリンタを乗せている台はDIY。ホームセンターで板をカットしてもらい、キャスターを両面テープで留めています。金属用の両面テープもありますが、ここでは、強力タイプを使用しました。

無印良品のケースを戸棚の底面につけています。このDIYの仮留めも両面テープを利用すると便利。固定する位置につけた後、ねじで留めれば失敗しません。穴が開けられない場合は、強力両面テープを使用して。

Lesson 06

Clothes & Bags

洋 服 ・ 鞄

Lesson 06

Clothes & Bags

洋服・鞄

クローゼットは冷蔵庫と同じです「今」着る服だけに

「今日、外出できる服だけを選んで残してください」

1年で着る衣類はこれだけ。ダウンやウールのコートなど、かさ張る季節の衣類はクリーニング店の保管サービスを利用しています。クリーニング代だけで、温度、湿度の管理された部屋で保管してくれるので家での管理の必要がありません。また、限られたクローゼットを季節はずれの衣類に占領されずに使えます。このメリットはとっても大きいのです。

あなたのクローゼットは「今」着る服だけで満たされているでしょうか？

痩せたら着る服、値段が高かったため、着てないけれど残している服、デザインは好きだけれど着心地が悪くて着てない服、好きだけれど何だか似合わない服……。

クローゼットは冷蔵庫と一緒！　常に着る服だけを収めることが大切です。「着る」と「着られる」は違います。

選び方は簡単です。「今日、外出できる服」だけ選んで残す！着ない服、思い出の服はクローゼットから出しましょう。

衣類は食品のように消費期限が記載されていないので、破れていない、ほつれていなくて残している衣類があるかもしれま

私のクローゼット

一度着用したけれど洗わない服のための定位置を作る

一度着た衣類は、きれいに洗濯した衣類と一緒にしまいたくないのでニトリの白いバスケットに入れます。ポイントはここに置く期間を自分で決めること。「〇日に洗う」と決め、その日が来たら潔く洗濯し、引き出しに戻してあげましょう。

ハンガーは無印良品のものに統一してスッキリ感を出しています。

引き出しの中は立てて収納が出しやすい

引き出しの中は、奥にあっても取り出しやすいように立てて収納しています。

せんが、着ない服と着る服を混ぜて収納すると、選ぶ時、着ない服が邪魔をして、探す、選ぶ手間が生じます。

衣類の整理とは、着ない服を探す作業ではありません。着る服を残す作業です。クローゼットは、どれを取ってもOKな衣類だけ収める場所。

歳を重ねると、着ない服が増えてきます。それはあなた自身が進化しているから。（老化ではありません！）布物の引き出し収納は、上から見渡せるので、立てて収納するのが基本。色ごとにまとめ、倒れてこないように100円ショップのブックエンドを利用します。奥の物まで見渡せるのでとても便利です。

昔は似合っていたのに、今シーズンは似合わなくなってしまった……。それに気づいたあなたの視力や判断力は間違っていません。見極める力を持ったご自身を褒め、その服はお別れしましょう。

冠婚葬祭や季節外れの物は クローゼット上に

毎日使用する物、そうでない物、使用頻度に分けて収納しています。冠婚葬祭用品は使用頻度が低いので、フタつきのボックスは必須。ホコリだけでなく湿度対策にもなります。

❶ 冠婚葬祭や季節外れの物

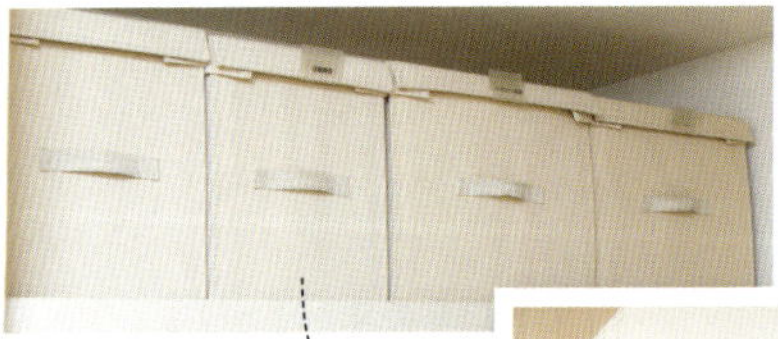

数珠、袱紗、喪のバッグ、黒のストッキング、ハレの日用のヘアアクセサリーをひとつのボックスにまとめています。黒のストッキングは必須。普段用とは別に確保することで、いざという時、慌てません。

❸ ハンカチや靴下などの小物類

立てて収納が取り出しやすい

女性はファッション小物が豊富。小さな引き出しをたくさん並べ細かく分けることで、欲しい物がすぐに取り出せます。

無印良品ポリプロピレン
追加用ストッカー（V）
約幅 18 ×奥行 40 ×高さ 21cm

上段はハンカチ、キャミソール、ストール、厚手のストール。ストールはオンシーズンになるとハンガーにかけますが、それ以外の季節は引き出しの中で待機。吊るす用のハンガーも引き出しに一緒に収納します。

下段は、ストッキング類、未使用のストッキング、エプロン、手袋、帽子、冬用の小物を収納。家で使用するエプロンは2階に。この場所に収納するエプロンは料理教室など、家の外で使用するエプロンです。

❷ 畳んで入れる衣類

「フィッツプラス」という衣装ケースに、畳める衣類の収納を。ここに入るスペースの量だけしか持たないようにしています。フィッツプラスの引き出しは軽く、ロックがついているので、不意な飛び出しを抑えます。

セーター類は畳んで収納

Tシャツやセーター類も立てて収納。色ごとにまとめているので、コーディネートの時、探し回ることがありません。シワにならないよう、ゆったり収納を心がけています。1枚購入したら2枚お別れするような気持ちで！

洋服好きの夫のクローゼット

夫の衣類は、購入、維持、管理、廃棄、すべて夫に任せています。ハンガーや引き出しの中の収納グッズなどのセッティングは私がしますが、洋服好きでこだわりがあるので、管理に関しては一切手を出さず、本人に任せています。

夫のクローゼット

上段は夫の趣味の物。娘からもらった父の日のカードや手紙などもここに収納されています。

帽子やベルトは吊るす収納に。

ネクタイかけはIKEAのもの（現在は廃番）。

夫のオリジナルの畳み方

夫の服は、夫自身が畳みます。畳み方は特殊。平日はスーツ。土日の着用分を畳むだけなので、お店のようにきれいに畳んでいます。我が家の女性陣のように立てて収納すると、胸元で折りしわができるのが嫌なのだとか。夫本人が畳んできれいをキープしてくれているので、本人がやりやすいように任せています。

運動部の長女のクローゼット

クラブ活動をしている時間が長いので、私服は少な目。そのかわり、Tシャツやジャージ、ユニフォームなどのスポーツウェアがたくさんあります。小物類は白いチェストに。浅い引き出しなので量は入りませんが、そのおかげで余計に多く持たず管理がしやすいです。上の無印良品のボックスには余っているハンガーが入っています。

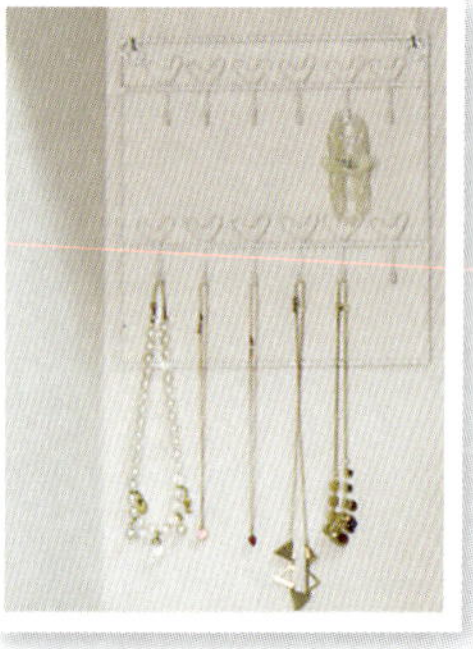

アクセは吊るすと絡まりません。3coins で購入（次女のカチューシャ収納も同じです）。

衣装ケースを上に積み重ねる理由

帰宅後、制服のポケットの中の物をすべて出し、衣装ケースの上に置くので、身長の高さに合うよう衣装ケースを積み重ねています。大学生になれば私服なので、衣装ケース２列にして低くし、パイプの端から端まで衣類を掛ける予定です。

長女のクローゼット

白いチェストは新婚時代、寝室で使用していた物。白く塗り替え、ハンカチや靴下、タイツ、手袋、マフラーなどの小物を収納しています。一引き出し、一分類なので管理がとてもラクです。

文化部の次女のクローゼット

上段はバッグと型崩れしやすい物の置き場所。左のリュックの中には大きなビニール製のスポーツバッグを畳んで収納。ニトリの白いボックスの中はカゴバッグや浴衣の作り帯、帽子など、かさ張る物を入れています。

娘が好きなカチューシャやアクセは吊るして朝すぐ見つかるように

ワイヤーのフックを壁につけて、ネックレスやカチューシャなどを吊るしています。絡まりやすいこれらの小物は、吊るすことで使いやすくなりますし、紛失を防止できます。

次女のクローゼット

タンスの分類

- 学校
- ルームウェア
- 長そで
- デニム
- 半そで・水着
- 冬物

スポーツウェアがない分、ほぼすべての衣類が衣装ケースに収まっています。身長がほぼ同じなので、お互いに衣類の貸し借りがしやすいよう、壁を挟んで長女と次女、左右対称に配置しています。

我が家で大活躍するＳ字フック。長さが違うもの、向きが変えられるものなどがあるのをご存じでしたか？

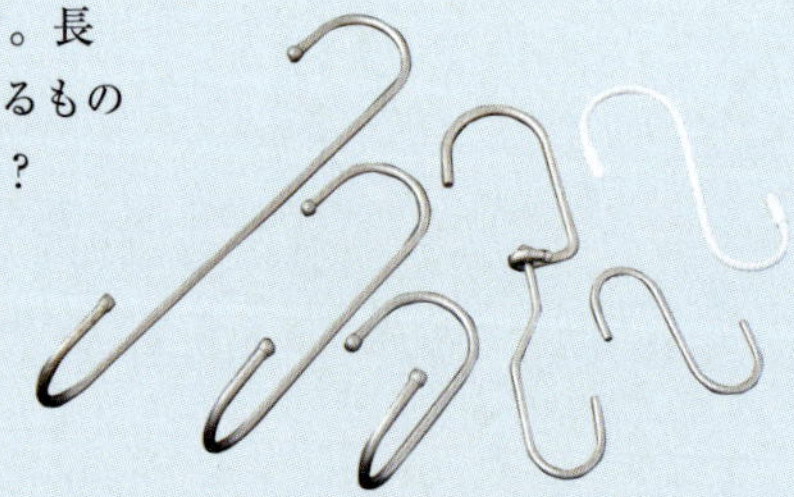

小さなスペースを活用
Ｓ字フック

フックには色んな種類があります。用途によって使い分けるとスペースを有効に使え、使い勝手も増します。100円ショップやホームセンターで探してみてください。

鞄は下げたときに横を向くクロスフックを使う

長さが違うクロスフックに、よく使用するバッグを掛けています。高さを変えることで、端に寄せた時の厚みが軽減されます。

IKEAのネクタイホルダーをＳ字フックで吊るす

360度回転するフリーフックはダイソーの物。回転することでネクタイ選びがラクになりました。ネクタイホルダーに掛けられる本数だけにしたことで、管理もラクに。

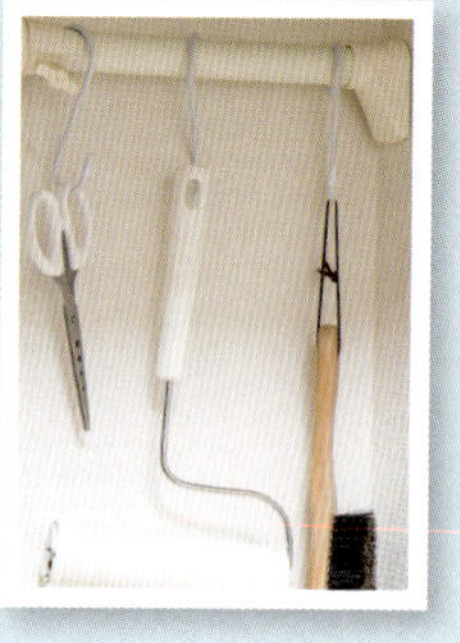

洋服の手入れグッズは突っ張り棒にＳ字フックを掛けて

ハサミなどを吊るしているのは、100円ショップセリアのＳ字フック。カーブの大きさが大、小、アンバランスなのでポールの太さに合わせて。

掃除道具なども必要な場所に掛けて

1階の階段下収納に1階用の掃除道具をまとめています。掃除道具だけでなく、段ボールを解体する時用のカッターナイフやハサミ、アロマを焚く時用のライターもまとめて収納。

アクセサリーはＳ字がはずれない極小Ｓ字フック

アクセサリーを掛けるコーナーはDIYで。極小Ｓ字フックをパイプに通してから支柱を固定したので、はずれる心配はありません。このフックに吊るせる量だけ持つことを意識しています。

ベルトや帽子もＳ字フックに掛けると便利

帽子は毎日使用する物ではないけれど、定位置がないと行方不明になったり、形が崩れたりしがち。引っかけることで型崩れを防止してくれます。

Lesson 07

Papers

紙類

Lesson 07

Papers

紙類

「いつか使うかも」は厳禁 捨てる＆投げ込み簡単ファイリングを！

DM、請求書などの紙、一枚一枚は薄いですが、油断するとあっという間に家が散らかります。種類も量も多いため、管理できなくなってきます。そうなる前の、究極の整理法です！

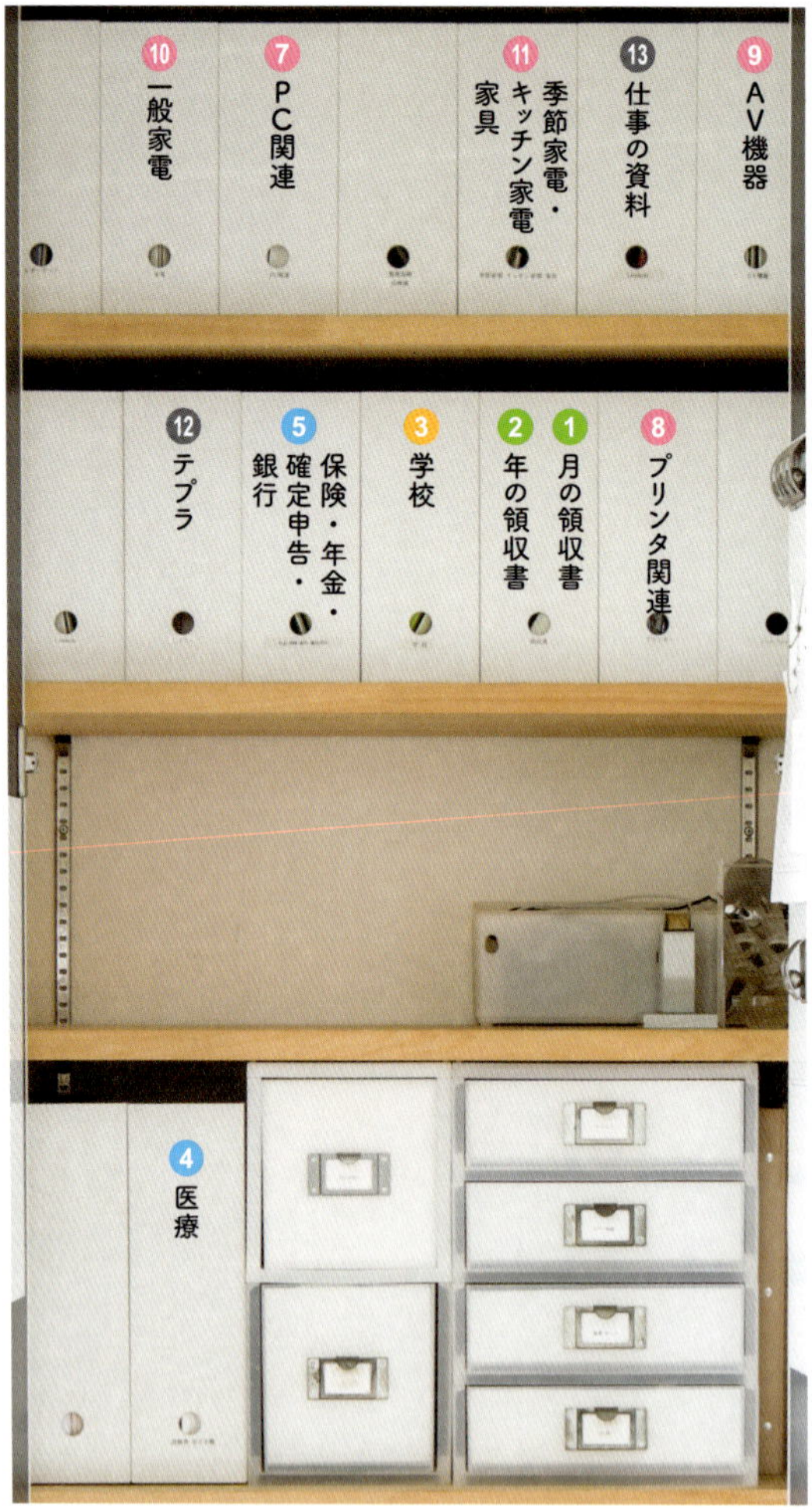

使用頻度の高いファイルボックスは上から2段目に収納しています。家庭の医療ファイルのみ、子どもの身長に合わせた低い場所に収納し、通院後の診察券、領収書は各自でファイルに戻しています。

「紙は、手に取ったその時に判断しましょう」

毎日家の中に入ってくる大量の紙類。その日中に処分、またはファイリングしてますか？「後でやろう」は紙類を増やす呪いの言葉です。紙、一枚一枚はペラペラですが数枚集まると脅威です。たくさん詰まった情報に目を通さなければいけず、処理に時間がかかるので、ため込まない、家に入れないのがポイント。そのために極力、個人情報は出しません。

ポイントカード、懸賞応募など、知らないうちに個人情報を自ら漏らしていませんか？ 漏らしているつもりがなくても、漏れています。そこから不要なDMが届きます。目を通したい

Rule 1

紙が散らからなくなる3つのポイント

3つのポイント

1. すぐ手をつける 「後でやろう！」と思ったら負け。

2. 捨てるルールの確立 ＋ 家に入れないのもひとつの方法

個人情報を出さないのが解決法です。ダイレクトメールは「受け取り拒否」と書いて印鑑を押してポストに入れれば、送り返されます。

3. 収納納場所を決める ➡ ファイリング管理

一時置き場は作らないようにしましょう。あると紙類の山が増えるだけです。すぐ処理する。できないものは持ち歩きます。

書類を6つに分類 ファイリングの黄金ルール

家の中にある書類は、まずはこの6つに分類しましょう。一度分類してしまえば、あとはそこに書類を放り込むだけです。

1. 月の領収書 P.92
2. 年の領収書 P.92
3. 学校 P.93
4. 医療 P.93
5. 保険・年金・確定申告・銀行 P.93
6. 住宅関連 P.93

今すぐファイリングしましょう！必ずできます!!

ので残します。紙が増え、処理に無駄な時間が生じます。

一度届いてしまったものは、受け取り拒否をして、今後、家に届かないようにしましょう。郵便なら「受け取り拒否」と赤で書き、押印してポストに投函すれば届かなくなります。

紙類の整理は日々の家事のひとつにしてみませんか？　食事を作る、洗濯をする、などと同じように家事のひとつと割り切って、一日の最後には必ず目を通し、要不要を判断し、必要な物はファイリングをしてリセットします。家事のひとつに組み込めば、ため込まず「早くしなくちゃ！」というプレッシャーから解放されます。ルーティンワークが習慣化すれば、もう悩むことはありません。ファイリングは放り込むだけで誰でもできる簡単月別ファイリングです。難しいこと、面倒なことは続きませんので、次項を見ながら真似してみましょう。

Rule 2

紙をこの分類でボックスに入れると書類のストレスがなくなります

※①～⑥は必ずやりましょう！

ファイルの仕分け方

1. ❶❷❸❹❺❻とそれぞれナンバリングした紙袋か箱を6つ用意。
2. 本書を見ながら、それぞれの該当の袋（箱）に入れて振り分ける。
3. 個別にファイルの中に入れ、完成。

【①②：領収書】

❶ 月の領収書

《1～12月 毎月の明細》

・公共料金の明細
（電気・ガス・電話・水道・TVの受信料）
・クレジットカード明細
・給与明細
（1年で処分する人は月管理をする）
・1つ余ったポケットにはイレギュラーな書類を入れる

❷ 年の領収書

《税金関連書類》

・固定資産税通知書
・市民税・県民税の通知書
・自動車税納税通知書＆車検見積
・保険料控除証明書
・ローン残高証明書
・給与明細（残す人はこちらに入れて保管年数を決める）

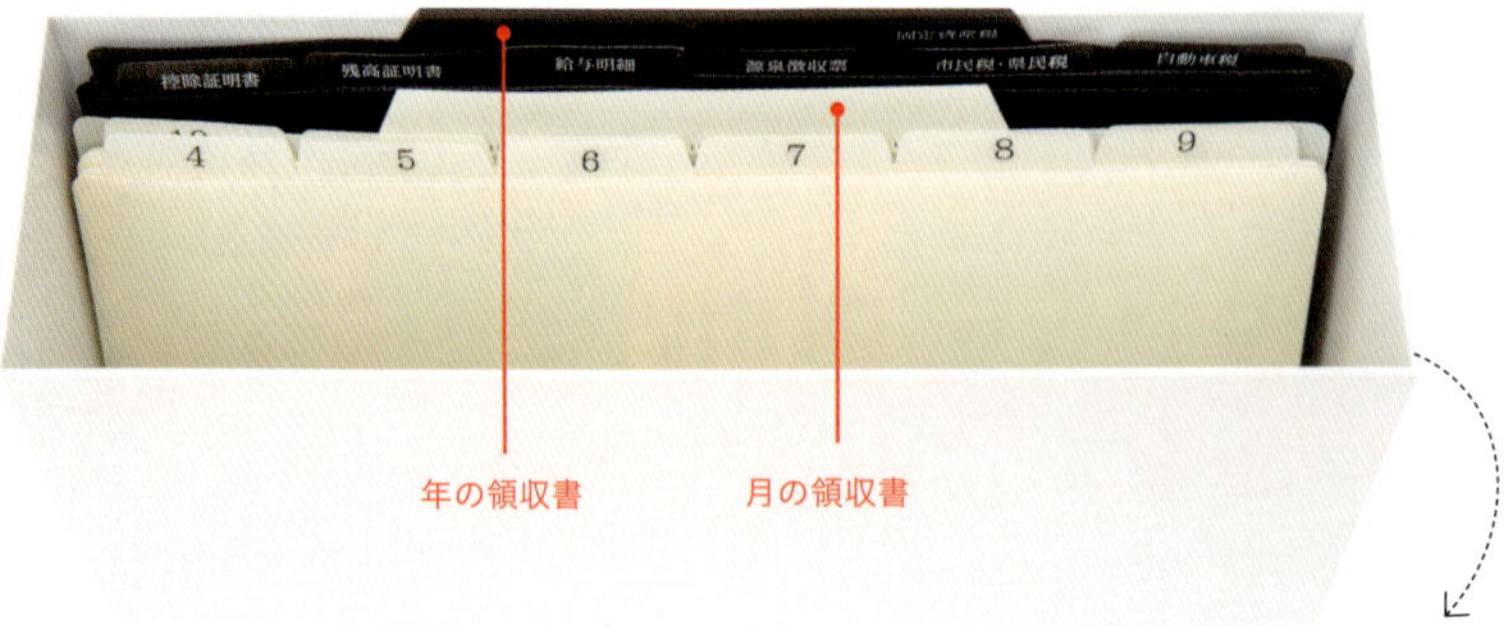

【ボックス内を仕分けるフォルダ】
セキセイ アクティフ12インデックスフォルダー A4

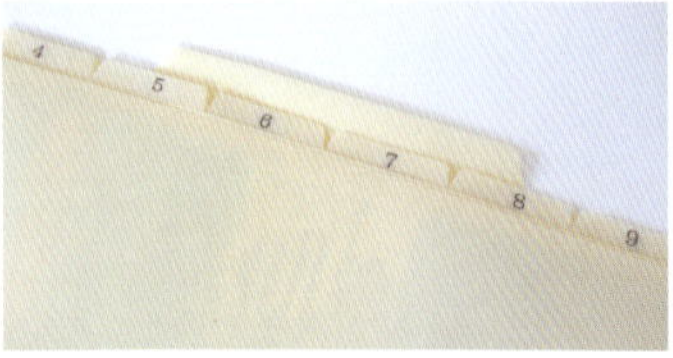

月ごとに分けたほうがいい書類は、12種類に分けられるファイルが便利！

【ボックス内を仕分けるフォルダ】
セキセイ アクティフ6インデックスフォルダー A4

年に1度来る税金・保険関連の書類はカテゴリーごとに分類

4 医療

《人別に管理》

・ 保険証診察券
・ 医療費領収書
・ 母子手帳

数が多くなる診察券は、ポケットがたくさんあるファイルに管理しています。

【ボックス内を仕分けるフォルダ】
スキットマン 家庭の医療ファイル B5 変形

6 住宅関連

《人別に管理》

・ 登記識別情報
・ 火災保険証書
・ 地震保険証書
・ 住宅ローン関係
・ 賃貸契約書類

＊重要書類はセキュリティーを考える。
＊1 年に 1 度も見ない書類は保管場所も考える。
＊ほかの書類と違って、引っ越しの時にしか使わないため、リビングには置いていません。

3 学校

《人別に管理》

・ 手紙は子ども一人につきひとつのファイルに、8 月を除く 4～3 月、月毎に管理する
・ 余ったポケット
成績表、部活の手紙など

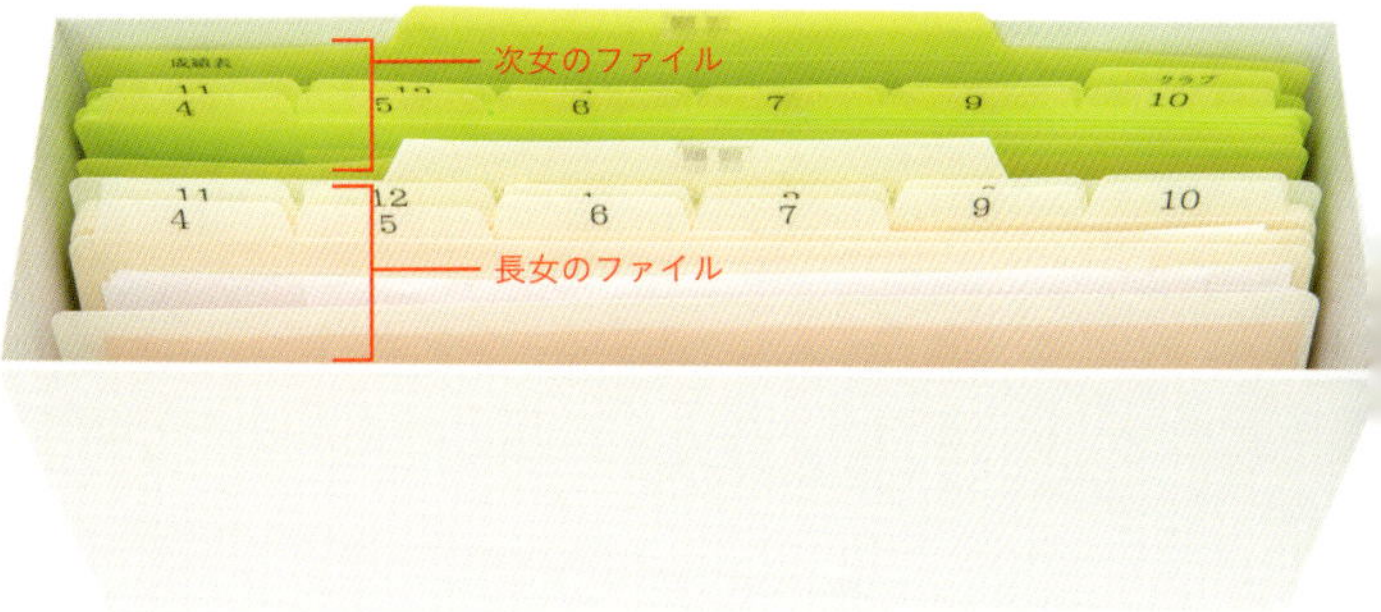

【ボックス内を仕分けるフォルダ】
セキセイ アクティフ 12 インデックスフォルダー A4

5 保険・年金・確定申告・銀行

《人別に管理》

・ 年金関連書類（手帳、定期便）
・ 保険証書（医療保険、生命保険、学資保険）
・ 確定申告控え（住宅、医療など種類別）
・ ネット銀行（口座開設時のログインパスワード、口座番号記載の用紙）

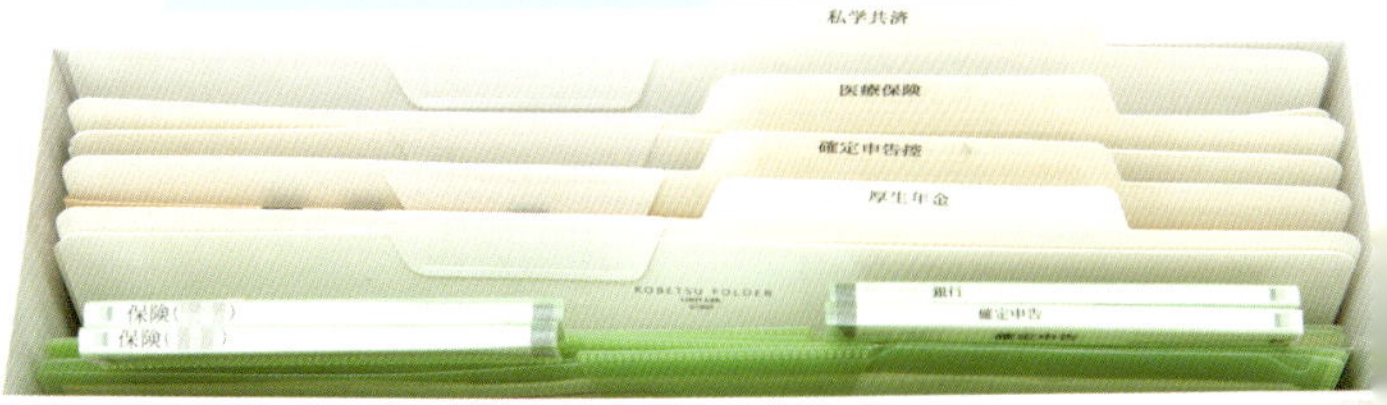

【ボックス内を仕分けるフォルダ】
（ベージュ）LIHIT LAB 持ち出しフォルダー（廃番）
（白）LIHIT LAB 立体見出し付きクリヤーホルダー 同色 5 枚パック
（緑）LIHIT LAB 立体見出し付きクリヤーホルダー 同色 5 枚パック

⑦ PC関連

PC取扱い説明書、マウス、モデム、無線LAN、外付けHDD、USBメモリ、プロバイダー契約書など

【ボックス内を仕分けるフォルダ】
写真は**LIHIT LAB**　持ち出しフォルダー（廃番）
現行品は、**LIHIT LAB**　立体見出し付きクリヤーホルダー 同色5枚パック　※⑨⑩も同じ

⑧ プリンタ関連

プリンタ取扱説明書、予備のインク、はがき用紙、写真用紙、CD-Rトレイなど
※ファイルボックスにまとめて入れる

⑨ AV機器

テレビ、DVDプレーヤー、ブルーレイレコーダー、オーディオ機器、携帯音楽プレーヤー、携帯電話などの取扱説明書

⑩ 一般家電

デジカメ、固定電話、照明器具、掃除機、洗濯機、加湿器、ミシン、アイロン、ドライヤー、ゲーム機など

⑪ 季節家電・キッチン家電・家具

《季節家電》扇風機、エアコン、暖房器具、扇風機ほか
《キッチン家電》炊飯器、ホットプレート、冷蔵庫、トースター、コーヒーメーカー、フードプロセッサーほか
《家具》ダイニングテーブル、ベッド、食器棚、学習机ほか

【ボックス内を仕分けるフォルダ】
LIHIT LAB　立体見出し付きクリヤーホルダー
同色５枚パック

ボックス内でも見える
立体見出し付きクリヤーホルダー

見出しが見えるのでとっても探しやすいです。生徒さんにも大人気です。向きをかえることで、ボックスの中でグルーピングができます。たとえば上の写真のように「季節」「キッチン」「家具」でグループ分けしてフォルダ方向を変えています。

⑫ テプラ

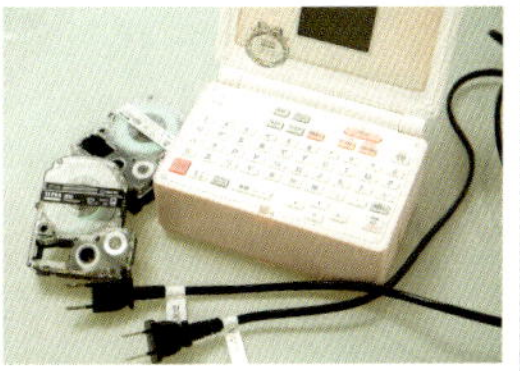

こまめにラベリングするなら、テプラもすぐ取り出せる場所に収納します。

⑬ 仕事の資料

⑭ 住宅設備

《住宅設備の説明書は引っ越し前後
（引っ越した時と、転居する前）にしか使わない》

・住宅設備の説明書
ガスコンロ、洗面台、風呂、キッチン、
ウォシュレット、インターホンなどの取扱説明書

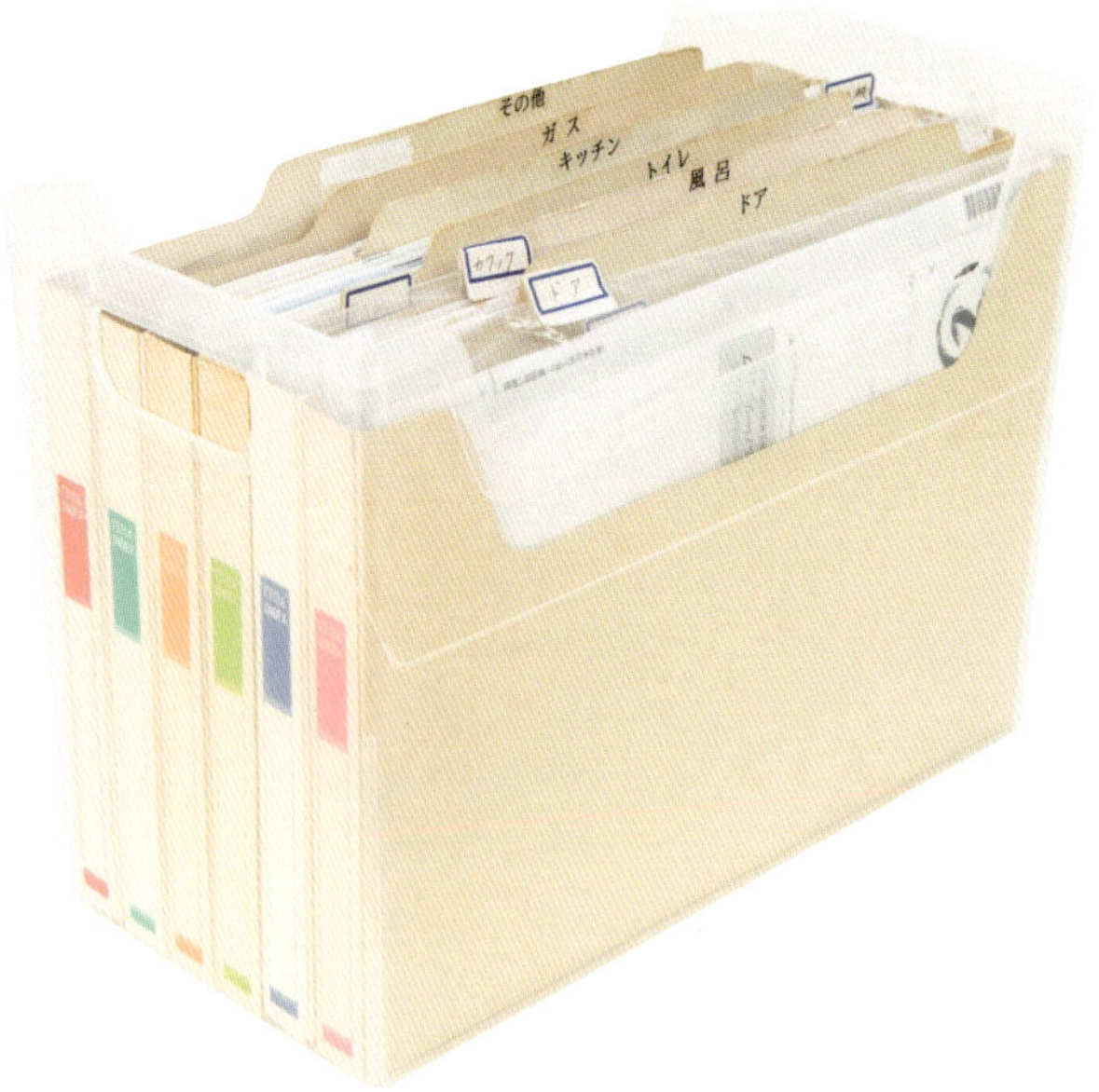

【ボックス内を仕分けるフォルダ】
ナカバヤシ なげこみBOX

Check

何をファイリングするか

何度も見返し、使用する物だけをファイリングします。投げ込み式ファイリングは簡単＆きれいが続きます

＋Plus

やる気が出るポイント

ラベリング

出すためではなく、しまうためのラベリングです。誰でもわかるようにしましょう。最初からラベリングせず、付箋などに記入し、最終決定してからラベリングするのもポイントです。

しまう高さを考慮

取り出しやすい場所に置くのがベストです。❶〜❹は取り出しやすい場所に置きましょう。取扱説明書のように使用頻度が少ない物は、高さを考えて置きます。

ファイリングの形を統一

ファイルやファイルボックスは定番商品を選び、買い足しできる商品を買います。

無印良品
ポリプロピレンファイルボックス スタンダードタイプ・A4用・ホワイトグレー 約幅10×奥行32×高さ24cm

情報は携帯して活用します

たくさんの情報を持っていても、どこにあるかわからず、使えないのなら持っていないのと同じこと。有効利用できるように携帯しましょう。

紙類を外出中に持ち歩く

・家で見る時間がなければ携帯し、外出先で目を通す
・電車内・車内・会社内などで読み処分
（時間の有効活用）

例）学校の手紙、ダイレクトメール、フリーペーパーなど

荷物は増えますが必ず目を通せます。意外に外出中の時のほうが集中して処理できます。

スマートフォン、携帯電話の活用

・撮影し記録する
・画像はフォルダ分けし、管理
（欲しい情報が早く取り出せる）

例）新聞のコラム、レシピ、保存しておきたい雑誌の記事、学校行事関連、デリバリーのメニュー、小学校の連絡帳

すぐに活用できる情報は撮影して持ちましょう。Evernoteというアプリ（P.102）が便利です。

スマートフォンや携帯電話のスクリーンショット

・Web画面を撮影し、フォルダに分けて保存
（オフラインで閲覧できるのがメリット）

例）店舗のクーポン、乗換検索アプリなど
（携帯電話の場合は画面メモ）

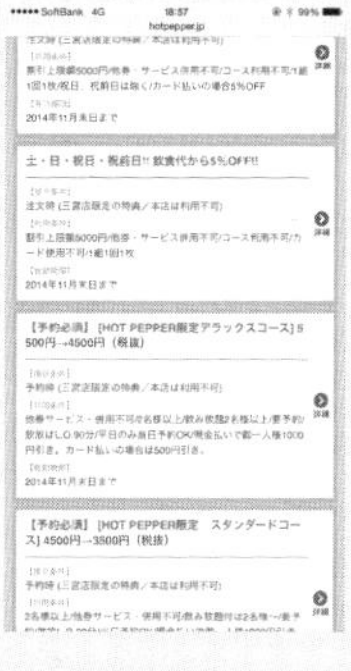

電波の届かない場所でも画像で見ることができます。重要なメールも画像で保存して！

Rule 3

捨ててよい物を知りましょう そうすれば不要な物は家からなくなります

紙類をたくさん持ってしまうのは、「いつか必要になるかもしれない……」と不安に思うから。

捨て時さえ知っていれば、すべて持つ必要はありません。紙類にも賞味期限があります。

悩む前に、とにかく真似してみましょう。

賞味期限が終わった物

捨てる物 捨てても困りません！

- 期限切れの情報
  ダイレクトメール、セールのメール、スーパー・飲食店などの割引チケットが残っていませんか？
- 期限切れのデリバリーのチラシ
  大型店はWebで注文ができます。
- 現物がない物の取扱説明書
  買い替え時にチェックしましょう。
- 使わなくなったクレジットカード、行かないお店のポイントカード
- 古い銀行の通帳
  残していても、残高は増えません。

賞味期限がない物

自分で期限を決める 保管の目的を明確に！（管理能力以上の物を持たない）

- 手帳、家計簿
  思い出として持つなら直近の年度以外は別の場所に保管しましょう。
- 本、雑誌
  収納スペースに収まる量だけにしましょう。
  資格、検定、保険、金融、レストラン、旅行に関する本は現状と内容が変わるので
  古い物は使えません。処分しましょう。
- 教科書、テスト、プリント
  見返さないなら不要。復習 or 思い出？　持つ理由を持ちましょう。
- 手紙類
  残す物と処分する物を分けることから始めましょう。

賞味期限がある物

1か月

県や市の広報誌（次号が配布されるまで）
最近はWebで閲覧可能です。

3か月

クレジットカードの請求書
オンライン明細にするとペーパーレス化できます。

1年

医療費の領収書
確定申告の医療費控除を申請する時、必要です。

公共料金の明細（電気・ガス・電話・TVの受信料・水道）
Web登録をすると、ペーパーレス化が図れます。

3年

年賀状
残す期間を自分で決めましょう。

給与明細
残す場合、古い物は別の場所で保管します。
※源泉徴収票は必ず残しましょう。

5年

納税証明書（固定資産税・自動車税）
固定資産税、自動車税、市民税県民税などは5年保管しておくと安心です。
常に5枚あればOK。

賞味期限が永久な物

無理に捨てる必要はない 時間の経過で、大切に思う度合が変わることもあります。

・思い出の物（心の財産）

例）母子手帳・アルバム・通知表・賞状など

・財産的価値のある物

先祖代々伝わる大切な物

※保管する場合、箱を統一する

フタ付の箱（木製またはプラスチックは○、紙製は×）

捨てられない物

「一時置き場」の物が増えないように注意 なくなることがあるのが欠点。できるだけ作らないほうがいい。

・期限のある物は目に付くところに貼る（置く）

定位置（本当に重要な情報のみ貼る）

・一読した学校だよりは行事予定表だけが必要

手帳に予定を写しましょう。
そこだけ見えるように貼ると、スペースの縮小になります。
携帯電話やスマートフォンで撮影しましょう。

・できるだけ一時置き場は作らない

どこに置いたか忘れるなど、紛失のもとになります。

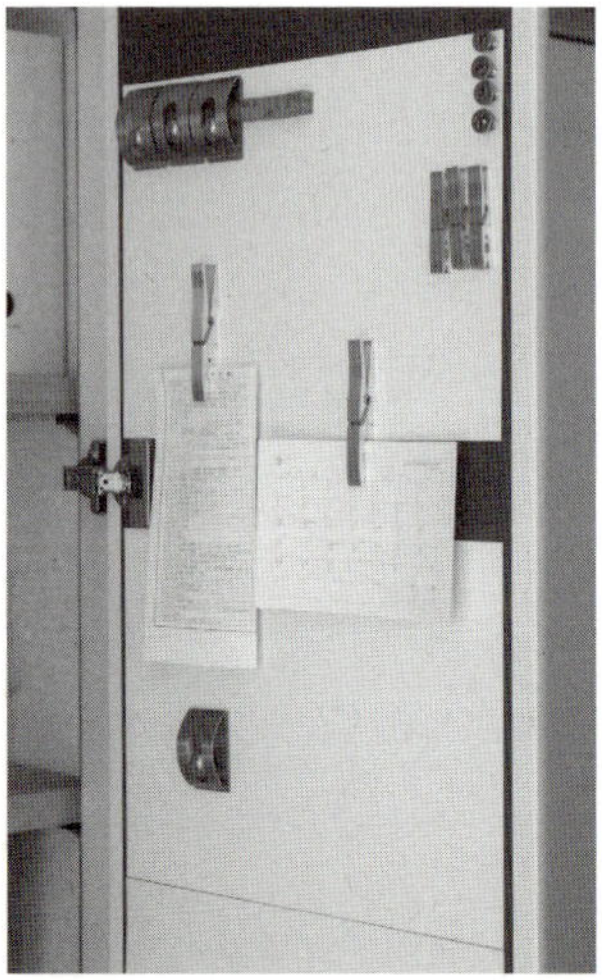

Rule 4

一時置き場は3分別までにする　それ以上は増える一方で処理できない

管理しやすい一時置き場の作り方

「テーマ」「人」「期日」「時間」別に仕分けすると
管理しやすいです。

テーマ別
↓
「保育園、幼稚園、学校、お金、ダイレクトメール」など自分でテーマを決める

人別
↓
兄・弟・ママ・パパ

期日別
↓
1週間以内、1か月以内、一時保管（既読後ファイリング）
※至急の物はその場で処理する

時間別
↓
進行中、終了、念のため
※仕事の場合：とりあえず、ファイリング待ち、シュレッダー待ちなど

どこに置くか？

↓

よく見える場所

一時置き場の鉄則は、「よく見える場所に置くこと」。保管は「一日」「週末」と決めて、ためることではなく、なくすために置く意識を持ちましょう。

一時置き場に便利な無印良品の仕切りスタンド

無印良品のスチロール仕切りスタンド・小がベスト。仕切る項目はしっかりラベリングしておきましょう。

Rule 5

紙を残さない！Evernoteを使ってみましょう

メモをしておきたい情報をネット上で管理できるアプリ「Evernote」。
「これはメモしておきたい」と思うことはありますよね？
そういう時は紙ではなく、Evernoteに保存しましょう。

✕ 紙（手書きメモ）		○ クラウドサービス
「なくす」「やぶれる」「お茶をこぼす」と危険がいっぱい。加えて書いたメモや書類はあちこちに点在し行方不明になりがち。	➡	データをインターネット上に保存。自宅や会社だけでなく、外出先のさまざまな環境のパソコンやスマホからデータを見たり、編集できます。

Evernoteでクラウド利用

EVERNOTE

メリット

Evernote内のデータはインターネットサーバー（クラウド）にあるので、たとえスマホやPC、タブレット端末などの機械が壊れても、データは無傷です。新しいマシンから、ID、パスワードを入力すると同じ情報が見られます。

1）自分の生活情報をビジュアル化

収納ボックスの中身が何なのか。ラベルを貼って可視化はできますが、普段見えない高い棚や納戸の奥は目も届きません。そこで、フタを閉める前に中身をEvernoteのカメラで撮影。画像として保存し、収納場所を明記して、ノートやタグを作ります。どこにいても、Evernoteを見ることで箱の中身を確認することができます。

2）紙は捨てて、データで残す

念のため……これを紙での保存でやりだすと、書類の山が所々に発生します。いるいらないで迷うことはよくあること。「どこに収納しようかな？」と迷った物は、Evernoteのドキュメントカメラで撮影して保存します。タグを付けておけばいつでも、どこでも見ることができます。保存しっぱなしで忘れてしまわないよう、学校行事や期限がある物はリマインダー機能の通知を活用することで、うっかりミスを防げます。

3）日常の情報から、緊急情報まで

電球のサイズや定番コスメの品番、クッションのサイズなどの身のまわりの物や、気になる雑誌の記事もドキュメントで撮影し保存しましょう。暮らしの中で忘れがちになることをEvernoteに入れておけば、どこにいてもデータを見ることができて便利です。銀行の口座番号やWEBのID、パスワードなども紙に記載せず、Evernoteで暗号化して保存できるので災害時の備えとしても有効です。

Evernoteに何を保存すればいい？

Evernoteに保存すると便利な物一覧です。紙で持たずメモまたは、ドキュメントで撮影して保存しましょう。

送り状控え （追跡番号、領収印）	振込み控え	新聞、雑誌の切り抜き	読書記録
レシート	雑貨を収納した場所	愛用コスメの番号	地域情報 （自治会回覧板）
名刺	気になる製品情報	音声を録音	買い物メモ （リスト化）
レシピ	底値表	学校行事（年間予定表） （リマインダー機能で忘れ防止）	
旅行情報 （家族で共有）	TODO リスト	会員証 （原本は処分）	医療情報
取扱説明書 （ダウンロードしたもの）	重要なメール、 メルマガ	ウィッシュリスト （したいこと、行きたいお店、欲しい物）	
手持ちの衣類 （小物）	贈答の記録	おうちのサイズをメモ （電球のサイズや型番、クッションサイズ、 テーブルクロスや布団カバーのサイズなど）	
エマージェンシー情報 銀行口座、パスワード、ネット銀行情報、クレジットカード番号、健康保険証、各種保険、 会員番号、シリアル番号、各種アカウント＆パスワード（もしもの時に便利） ※○○銀行と記載せず、自分だけがわかる単語に置き換えたり、口座番号は逆から記載するなどひと工夫しましょう。			

Rule 6

デジタル写真は紙では持たない フォトブック・フォトアルバムを作成しよう

毎年、1年に1冊、家族の厳選写真をフォトブックにします

昔は長女、次女、家族と3冊のアルバムを作っていましたが、現在は家族で1年間に1冊のフォトアルバムを3部作ります。家族で見る1冊と娘たちがお嫁に持って行く各1冊ずつ。たくさんの枚数が入り、きれいで軽い！　毎年、同じ業者で作ることがポイントです。

デジカメデータは1年に1枚CDにバックアップ

デジタルカメラのデータは、毎月1回、クラウドとHDDにバックアップを取り、1年に1度、厳選した写真をCDにバックアップしています。

学校やテーマパークで購入した写真、いただいた写真はアルバムに保存

すべての写真をスキャンしてフォトブックに入れることも可能ですが、手間なので紙の写真はアルバムに。大きいアルバムは見返さなくなるのでA5サイズくらいのコンパクトなサイズがおすすめです。

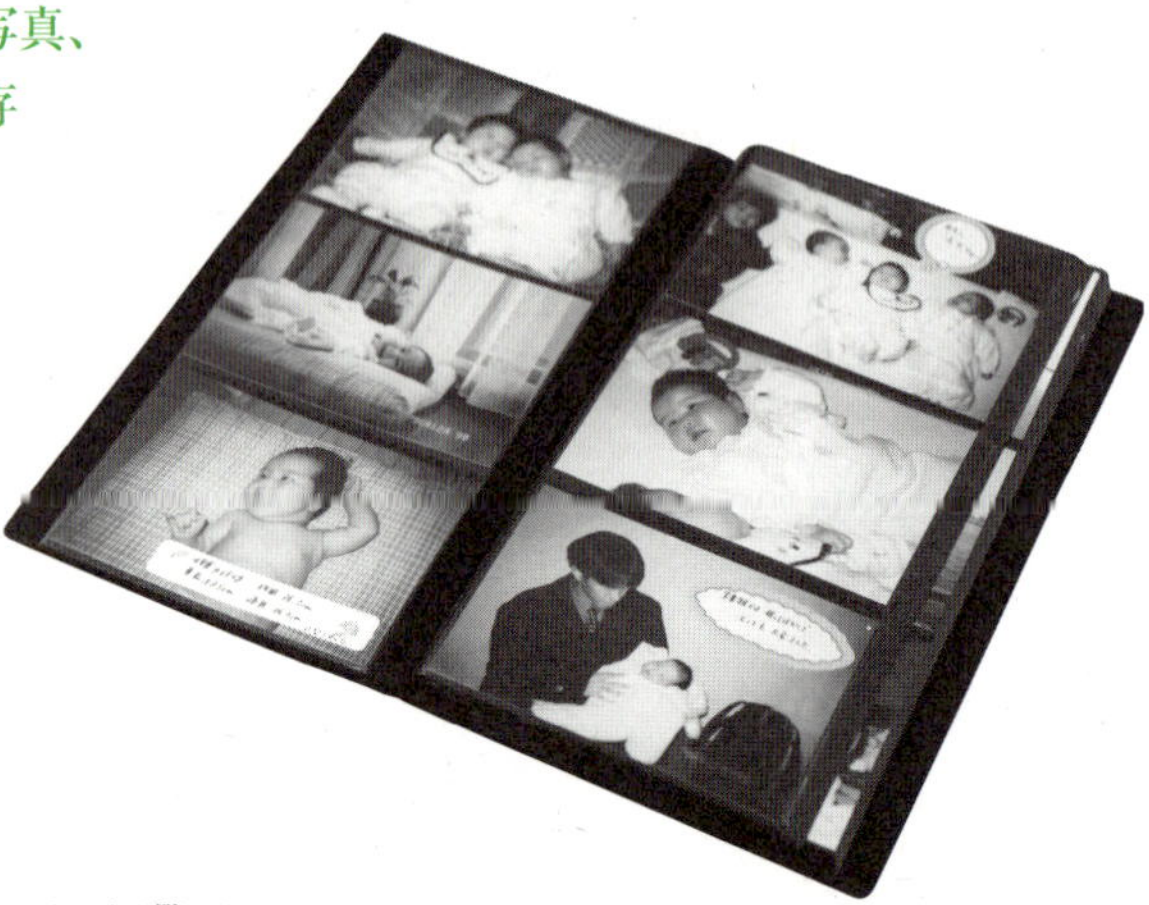

アルバムは1階のクローゼットに収納しています。

Q&A

整理収納を成功させるために気になるちょっとしたこと

Q&A

片づけの考え方

「片づけ」と聞いて、考え込むことはありません。やりやすいところから、できるところから始めましょう。少しずつで大丈夫です。自分の使う物や判断基準、きれいな生活が実感できるのは快適です。楽しみながら続けましょう。

Q 途中でいつも投げ出してしまう。続く方法はある？

毎日使う場所、自分一人で判断できるところから始めること。思い出の物、使わない物が入っている場所から始めると要、不要の判断がつけづらく疲れてやめてしまいがち。また、家族の物は勝手に処分できないので、時間がかかってしまいます。コスメ類、薬、洗面所、キッチンの食品整理など、できるところから始めましょう。きれいになる喜びが、次の場所へ手を付けるやる気になります。

Q どこから始めればいい？

箱から始めましょう。薬箱、裁縫箱、コスメボックス、下駄箱がおすすめです。捨てる捨てないの判断がしやすいからです。箱の次は、洗面所、トイレ、玄関など、狭い場所から始めます。短時間で終わり、すぐにきれいになる達成感が生まれ、次への意欲に繋がります。

それを繰り返すことで判断力や自分流の片付け力が身につきます。

薬箱	期限切れの物の廃棄
裁縫箱	材料と道具は別々に
コスメボックス	1年使っていないコスメは手放しましょう
下駄箱	足に合わない靴はお別れ

Q どうしても物が捨てられない

「捨てる」と考えないでください。「お別れする」のだと思ってください

リサイクルショップを利用する、寄付する、バザーに出すなどしてみませんか？　捨てる罪悪感の軽減だけでなく、物の第二の人生がスタートしますし、エコにもつながります。

※エコリング

ブランド品だけでなく、使いかけのコスメ、食器、おもちゃ、衣類などを買い取ってくれます（大型家具、食品、生き物はNG）。

Q お金をかけたくない

収納はお金がかかります。でも、経験上、ある程度の初期投資をすることをおすすめします。段ボールや牛乳パックなどを使うと、廃材の劣化により、数年後必ずやり直す手間が生じます。最初に投資をすることで、見た目が美しく、使い勝手のよい、そして長く使うことのできる収納、きれいキープが実現します。

また、お金がかかるといっても、100円ショップの物で優れた収納アイテムはたくさんあります。上手く使えば見た目も美しく、使い勝手よく、長く使うことができますよ。

Q&A

スペースの悩み

物を片づける場所がない。これはスペースに限りがある日本の家では、ついて回る課題ですよね。でも狭いと嘆くより、その場所を最大限に活かす適切な物の量を知ることで、心地よい暮らしは手に入ります！

Q 洋服がタンスに入りきらない

タンスは冷蔵庫と一緒！　今、着る服だけを入れましょう。その服は本当に、今着る服ですか？

消費期限が切れている物はタンスから出します。すべての衣類を出して、着る服だけタンスに戻してみましょう。案外収まるのではないでしょうか。思い出の服は思い出ボックスを作ってその中に保管します。ウェディングドレスなどのかさばる物は、クリーニング店の圧縮サービスの利用の検討を。色あせやシミが心配な真っ白なドレスも、圧縮後、窒素ガスの注入で何十年も色あせずコンパクトに収納できます。

我が家の場合、季節外の衣類はクリーニング店の保管サービスを利用しています。クリーニング代だけで次期シーズンまで湿度、温度が調整された部屋で保管してくれるので、自宅で衣類の管理をする手間が省けます。場所も取らず快適ですよ。

Q 家全体の収納スペースが足りない

ライフスタイルに合う物の数を見極めましょう。本当にそれは必要ですか？　今度使うかも、いつか使うかも、と未来のために残している物とはお別れしましょう。未来はもっとよい方向に変わる可能性大です！

収納家具やキャビネットを増やすのは、物を減らした最後の最後、どうしても入らない時までお預けです。

Q 奥深い押入れはどう使えばいい？

奥行きのある収納は、使用頻度で前後に分けましょう。奥には年1、2度しか使わない季節物（ひな人形、五月人形、扇風機などの季節家電）や、思い出の物の収納を。手前は使用頻度の高い物の収納を。

押入れ用の衣類収納ケースは、奥行きの分だけ、前に出すスペースが必要になり、おすすめできません。奥行きの短いサイズを手前と奥に2つ並べ、季節で前後するのがベスト。費用は2倍かかりますが使いやすさも2倍です。

①普通の押入れ収納 ×

②③短い収納を２つ並べる ◎

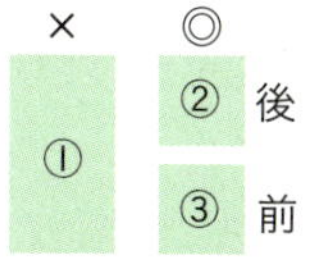

Q&A

時間の管理

片づけの隠れたポイントのひとつが「時間」。「いつまで」という視点を持って決めてしまいましょう。実は多くのことが「すぐ」できることに気がつきます。溜め込むことが減ると時間にもスペースに余裕が生まれます。

Q シャンプーやリンスなどの試供品はどこにストックすればいい？

ストックせず、即、使用しましょう。未使用の間も容器の中は時が進み、劣化してゆきます。たとえば、「○月○日の旅行で使う」と、使用する日が明確であれば、旅行グッズと一緒に保管します。使う目的がない試供品は、溜め込まず新鮮なうちに使う！　これが鉄則です。

Q 下着やタオルなどの替え時がわからない

消費期限を自分で決めましょう。目安は1年。布の傷み具合では、1年に満たない場合もあります。その場合は「ヨレヨレになってきたかな」と気になった時が、替え時です。気になったまま使用しないのが快適生活のポイント。

Q 食品ストックの賞味期限をすぐに切らしてしまう

食べる量と、買う量のバランスが悪いのではないでしょうか。特売に踊らされて購入しても食べずに廃棄するなら、特売の意味がありません。

食べきれず廃棄してしまう食品は、食べ慣れない物のはず。家族が好きな物をストックにすると比較的早く消費できます。

Q 締め切り期限のある書類はどうすれば忘れない？

手にした時、すぐに処理をします。早く提出して嫌がられることはありません。「後でやろう」はやらない言い訳。期限を守れないと相手に迷惑がかかるだけでなく、自分の信用をなくす可能性もあります。携帯電話やスマートフォンのリマインダー機能を利用するのもひとつの方法です。

Q&A

ないないと探してしまう物

出かける直前の「あれがない！」と慌ててしまうこと。何度も経験しているのに、ついつい放置しがちです。朝、１杯のお茶を楽しんだり、家族と余裕を持って接する時間のためにも、探し物の時間は減らしましょう。

Q 出かける前に必ず鍵が行方不明

鍵を開けた後、玄関付近に鍵を置く定位置を作りましょう。決めれば、案外そこに戻すようになるものです。防犯を考え、玄関を開けた時に見える場所には鍵の置き場を作らないように気をつけて！

カバンに入れると、カバンを変える時、鍵だけ入れたままにしてしまう可能性があり行方不明の原因になります。

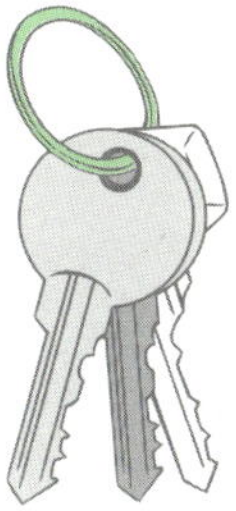

Q 家族共有で使う物（ハサミ、セロハンテープ）がすぐに行方不明になる

物の住所を決めてあげましょう。

使う場所に、使う物を置く。使う場所と収める距離が遠ければ遠いほど、物は紛失しやすくなります。よくなくなる物は、どこに戻していいか家族がわからないからです。その物本体に収める場所（リビング、洗面所など）をラベリングしてもかまいません。

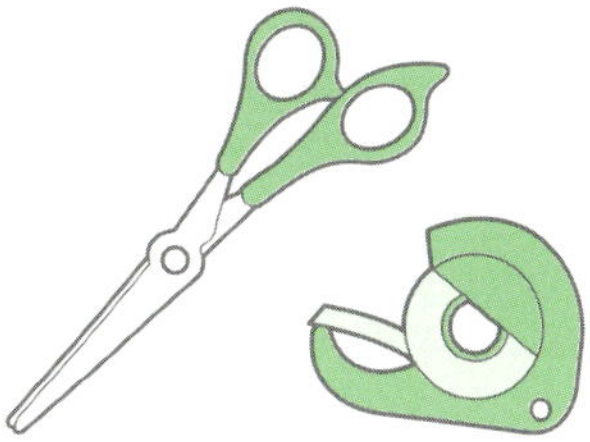

Q 眼鏡をつい家中あらゆるところに置いてしまう

定位置を決めましょう。毎日はずす場所を思い出してください。その近くを定位置にすると覚えますよね。我が家の場合は、洗面所でコンタクトレンズを付けるので、洗面所で眼鏡をはずします。はずす場所が眼鏡の定位置。寝室でもいいですし、クローゼットでもかまいません。眼鏡の住所を決めましょう。

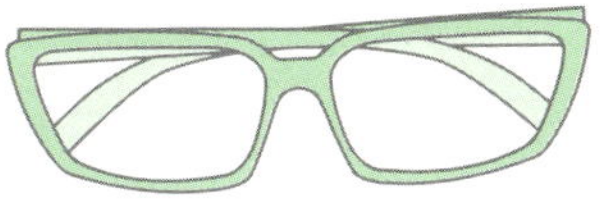

Q つねにスマホは？と探している

充電する場所に置く習慣ができるといいですね。床に置くと、踏まれたりソファの下に紛れ込んだり、なくなる可能性大！　定位置が難しいなら、せめて床より高い位置に置く癖をつけましょう。踏まれたり奥に隠れたりする心配は軽減できます。

Q&A

プチストレス

日々暮らしていると、なんだか使いづらい、いつの間にか散らかってしまう、というポイントは出てくるものです。そんな時こそ、より心地よい暮らしが手に入るチャンスです。どうしたら解決できるかを考えてみてください。

Q 冬場のかさばるコートの管理

我が家の場合、季節外の衣類はクリーニング店の保管サービスを利用しています（詳細はP.107参照）。ダウンは衣類の圧縮袋でコンパクトにできますが、生地を傷める可能性があるのでおすすめできません。

Q ファイルボックスの中で書類が迷子になる

ファイルを上手く活用しましょう。最初は少し手間がかかりますが、ひとつの項目にひとつのファイルを用い、必ずラベリングをします。このラベリングが大事です。また、ファイルに入れていても、ボックスの中のファイルが多すぎると見つけづらくなりますのでご注意を。

Q 洋服をつい椅子にかけてしまう

椅子やソファの高さはゴールデンゾーンと呼ばれる、物を収めるのに最適な高さ。

そこに置きたくないなら、付近にハンガーフックをつけてみては？　ついつい置きたくなる椅子の横にハンガーがあれば、自然とハンガーに手が伸びます。椅子にかけると衣類がシワになりやすいので、「寝るまでには片づける」「入浴までに片づける」など、タイムリミットをつけて長時間かけっぱなしにならないよう気をつけましょう。

Q 自分が片づけても家族がついてきてくれない

片づけている姿を、家族は見ていますか？　家族がいない時にきれいにすると、いつの間にかきれいになっているので、そこにたどり着く過程を家族は知りません。収納はできなくても、ゴミ捨てや物の移動などは家族も手伝ってくれるはず。一人で頑張らず、家族を巻き込みましょう。

Q リビングに、家族全員の私物が放置される

リビングは家庭内の公共スペースであることを家族に伝えましょう。出かける前や寝る前は必ず片づけるルールを設け、少しずつルールが浸透するように促してください。子どもにはP.79の言葉がけを参考に。

Q 夫が服を脱ぎっぱなしにする

脱ぎっぱなしの衣類で妻が不快に思っていること、脱ぎっぱなしは迷惑であることを真剣に伝えましょう。テレパシーはありません。家族でも思っていることを口に出さなければ、相手には伝わりません。いつも脱ぐ場所が決まっているなら、その場所にカゴを設置し、最低でもその中に入れてもらうようにしてください。

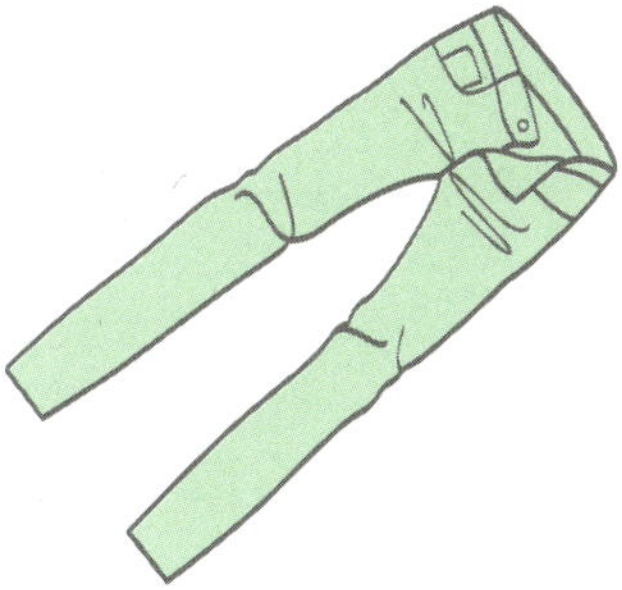

Q 電化製品のコードや充電器がどれの物かわからなくなる

これは、電化製品に囲まれている現代では、必ず出てくる悩みです。充電器本体に機種名をラベリングしましょう。コード類、充電器は一見そっくりなので、誰が見てもわかるような表示が必要です。ラベリングをしておくと、長期間家を空ける時や雷の時などにスイッチオフする際もスムーズです。

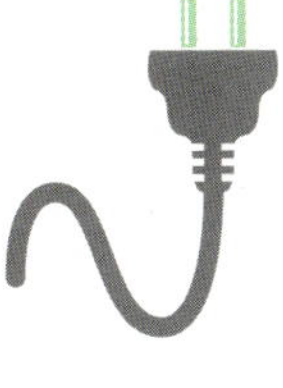

Q 家族構成が変わったら片づかなくなった

本書を参考いただき収納が完成したとしても、いずれ使いづらくなってくる時がきます。家族が増えた、家族が結婚した、歳を重ねた……。時間の経過とともに変化するライフスタイルによって、収納も合わなくなっていくことが必ずおこります。

少しでもストレスを感じるようになった時は、収納を変える時期が来た合図。ストレスフリーな収納になるよう、家族の行動や生活を見極め、収納をやり直しましょう。

Q&A

増え続ける物

何かのために備えるのは悪いことではありません。でも、来ない可能性の高い「いつか」のために日々のスペースを割く必要はありません。「いるか、いらないか」よりも「使うか、使わないか」で考えてみませんか？　「いつか」の呪縛から逃れましょう！

Q 紙袋が増えて収納場所に困る

何のための紙袋でしょうか？「いつか」「誰か」に「何かを差し上げるため」だけの紙袋、「いつか使うかもしれない」紙袋。未来のために、たくさんのスペースは不要です。使った紙袋の数を1か月程記録してみましょう。案外、使われていないのがわかります。一定数を決め、その数を超えたら古い物、くたびれている物から処分して、定量、定形、定数が保てるといいですね。

Q スーパーの袋がかさばる

使用する場所や用途毎に収納しましょう。たとえば、キッチン、洗面所、ゴミ箱の底（ストック）、おむつ用、ペット用など。我が家の場合、大きな袋はキッチン、中くらいの袋は洗面所、それ以下は捨てるルールがあるので、一定数以上増えません。

Q トートバッグが増え続ける

ノベルティや、雑誌の付録の袋やバッグ類、たくさん持つ理由はありますか？

どうして残しているか理由があるなら持っていてOKです。いただいたから、ただなんとなく、捨てるのがもったいないから、と使わず溜め込んでいるならお別れしましょう。自分の持ち物はすべて「自己表現」だと思ってください。

そのバッグはあなたらしさを表現してますか？

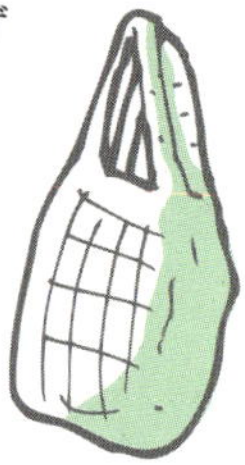

Q つい洋服が増えてしまう

たくさん洋服があっても体はひとつです。適正量は人それぞれですが、本当に似合う服、着ていて気分が上がる服だけ買いましょう。着ない服を増やさないために、似合う色やスタイルを知ることも重要。プロのカラー診断、スタイル診断を受けてみるのもおすすめです。

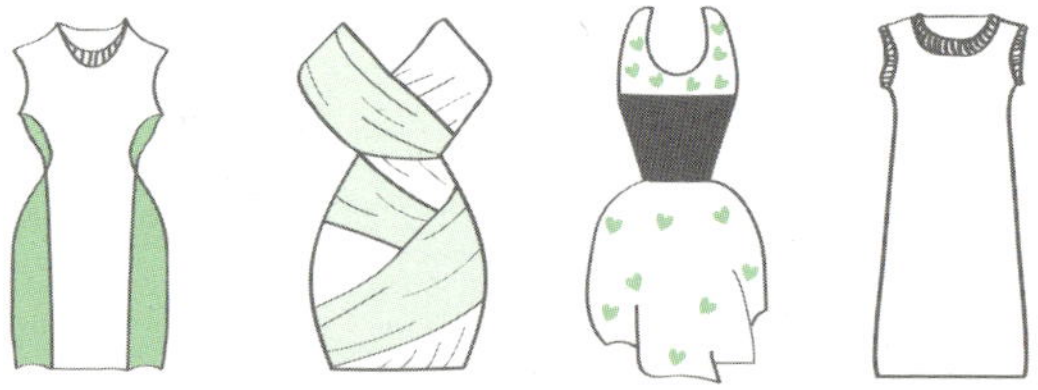

Q 文房具が増えてぐちゃぐちゃ

使うと、使えるは違います。本当に書きやすい物だけ残しましょう。インクがかすれるペン、短くなった鉛筆、企業名の入ったペン類……。心から「使いたい！」と思う物だけ選んで残すと少数精鋭になる予感がしませんか？　好きな物だけになると、気に入らない物を加えなくなるので、むやみやたらに物が増えることが抑えられるようになります。

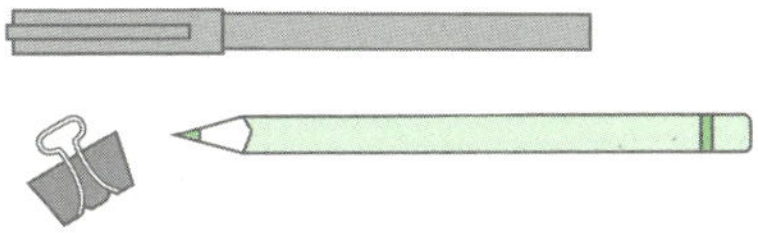

Q 取扱説明書が増える

新しいテレビを買ったら、処分するテレビの取扱説明書も一緒に処分します。取扱説明書だけでなく、新しく何か家に入ってきたら、その数またはプラス1、2個家から出さないと、家中物で溢れかえります。

家は体と同じ！　増えすぎてメタボにならないように普段から気をつけましょう。

Q 診察券がたまる

2年以上行っていない病院の診察券、引っ越し前の病院の診察券、旅行先でお世話になった病院の診察券は、今後通う可能性が低いので処分しましょう。「今度病気になるかもしれない未来のため」と残しておくと、現実化してしまうかもしれません。必要になった時に、診察券はまたもらうことができます。

Q 冷蔵庫が貼り紙でいっぱいになる

その貼り紙は本当に必要な情報でしょうか？誰のため、何のために貼っているのか考えてみてください。冷蔵庫に紙を貼ると熱効率が悪いだけでなく、見た目も損ねます。貼っているだけの「安心感」は不要です。確実な安心のために貼るなら、スマホや手帳にメモすると見返しますし、覚えることもできます。

Q&A

どこにしまえばいい？

「しまう」とは物をあるべきところに戻すこと。誰がどう使うか、生活動線に合わせた「定位置」を決めましょう。「出す」だけではなく「戻しやすい」場所を作ることがポイントです。

Q 紙焼きした写真のアルバムは？

理想はいつでも見返すことができる、リビングダイニング付近に。本棚に収納すると見返す率が高まります。スペース的に難しいなら収納してかまいませんが、湿度には気をつけて！

紙は湿気を吸いやすいので脱湿剤などを利用しカビの発生を防いでください。

Q 衣替えする衣類はどこに？

季節外の衣類は押入れやクローゼットなどの奥に収納してかまいませんが、除湿剤や防虫剤を利用し、衣類にダメージが出ないよう対策してください。衣替えは晴れた日にするのがポイント。曇りや雨の日に行うと、湿気も一緒に閉じ込めてしまいカビや嫌な臭いの元になります。

Q ハンガーが絡まる

同じハンガーに揃えると絡まりません。色んな大きさ、色、素材だと見た目の悪さだけでなく、使いづらさが生じます。ハンガーを揃えることで、同じ形状に収められるので収納量もアップします。

Q ランチョンマットは？

毎食使用する物なので、カトラリーやお茶碗などの付近に収めることができるのが理想ですが、スペース的に難しい場合はダイニングテーブルの付近に定位置を設けましょう。

日々、使用する物はワンアクションで出せることが理想。複雑な収納にしないことがポイントです。

Q ヘルメットは？（子どもの自転車用）

玄関付近にフックをつけて、掛けるスペースを設けましょう。お子様の身長に合う高さにフックをつけることがポイント。自分のことは自分で！収納環境が整うと、子どももできるようになります。

Q 年賀状・手紙はどうすればいい？

期限を決めて保管しましょう。交友関係は今後も続く可能性が高いので3年経ったら処分。仕事関係や思い出、思い入れのある物は「思い出」として保管してください。写真付き年賀状、「写真だから処分できない」と言う人がいますが、写真ではなくハガキです。写真とハガキ、しっかり区別しましょう。

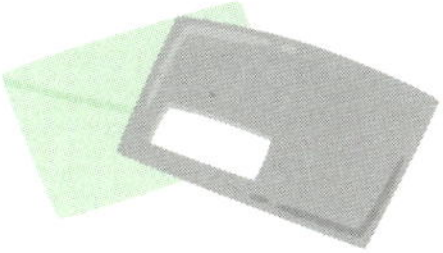

Q 型崩れする帽子やバッグはどこに？

皮のバッグや内布が貼られているバッグはあんこ(詰め物)を入れ、型崩れしないよう保管しましょう。布のバッグ、ビニール製のバッグはS字フックのような物に掛けてもかまいません。ただ皮のバッグを掛けて保管すると、持ち手が伸びるのでよくありません。帽子も同様、フェルト素材のような型がしっかりしている物はあんこを入れて崩れないように保管を。キャップは、フックに掛けても大丈夫です。

Q 読み終わった新聞や雑誌が散らかる

読み終えた物は定位置に置く習慣をつけてください。散らかるのは、定位置がない、または場所が悪いから。手軽に持っていける場所を確保するのが先決です。

Q 家族の下着・タオル・パジャマ

理想は洗面所ですが、住環境的に難しい場合はそれぞれの個室になります。

タオルは家で使用する物は洗面所付近、スポーツやクラブ活動など、個人で使用する物は個人のスペースに。使用する人別にしまうと管理が楽です。

Q 濡れたバスマットは？

定位置を決めましょう。濡れたまま床に置きっぱなしだとカビが生えますので、翌日洗うまでの置き場（乾かす場所）を設けます。我が家は洗濯機の横。吸盤付のクリップを洗濯機につけ、バスマットをクリップで挟んでいます。

Q&A

子どものお片づけ

片づけは基本的生活習慣のひとつです。○才になったからできる、できないではありません。成長に合わせて子どもができることを促してあげましょう。

Q 思い出の品が増え続ける

スペースが許すなら持っていてもかまいません。無理に手放すと後悔することもあります。

ただ、思い出の品は現物で残さなくても、写真や動画で残すことも可能。絵画ならスキャンもできます。コンパクトに残せるといいですね。

Q 増え続けるおもちゃの管理方法は？

衣替えと同じように、季節の変わり目に要不要を選択する時間を持つと増え続けません。

幼稚園や学校に通っているなら、学期の最後に学用品も含め、おもちゃや身の回りの物の整理をしましょう。対象年齢外のおもちゃ、紛れ込んでいませんか？

Q 自分で支度ができるようになるには？

何でも親が手助けしないこと。幼いうちから、自分でするように促してあげてください。

できなくて当たり前ということを忘れずに。日々の積み重ねで少しずつできるようになります。

Q 学校から届くプリント、学習後のプリントで溢れる

学校からのお便りは、繰り返し見る物だけを残すことがポイント。一読したらOKな物はその時に廃棄。学習プリントは教科別にまとめ、学期の最後に廃棄しましょう。復習として残すのか、思い出として残すのか？　理由があるなら残します。「ただなんとなく……」で残すと紙だらけになってしまいます。中高生の場合は学期をまたいで使用する物もあるので、本人に任せましょう。

Q&A

女性のおしゃれ

女性ならではのコスメやアクセサリー類も、気づくと数が増えて、管理が難しいもの。でもおしゃれのためには持っておきたいものはたくさんありますよね。一度すべて見直してみましょう。

Q バッグの中がぐちゃぐちゃ

ポケットがたくさんついた、バッグインバッグなど利用してみてはいかがでしょうか？

バッグを変える時も、バッグインバッグを入れ替えるだけなので簡単です。バッグの中も毎日リセットを！　外出先でいただいたチラシやレシートはその日のうちに出して、翌日に持ち越さないようにしましょう。

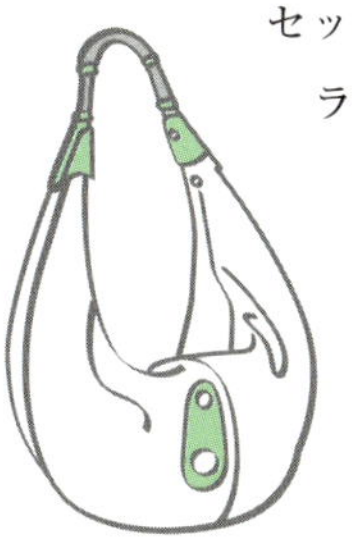

Q ヘアグッズのしまい方

日常使いの物と、パーティーなどハレの日の物を分けましょう。ハレの日の物は、冠婚葬祭グッズと一緒に収納を。それ以外の物は用途ごとに分けます。

洗面所や浴室で使用する物は、水回りに、アクセサリーのように服に合わせて使用する物はドレッサーやクローゼット付近に収納しましょう。

Q アクセサリーを外してついいろんなところに置いてしまう

はずす場所を決めましょう。キッチンや洗面所などの水まわり？　クローゼット？　寝室？　あちこちではずしてしまうなら、それらすべての場所に、小さなトレーを置いてその上に必ず置くようにします。小さい物ほどなくしがち。置き場の確保をしてください。

Q コスメグッズが散らかる

自分に似合う色だけを厳選し、お土産でいただいた似合わない色のコスメなどはお別れを。

使う物だけにすると意外と少ないのではないでしょうか。顔につける順に収めると時短にもつながります。

私が収納に興味を持つようになったのは、２度の転機から。

１度目はマンション時代。結婚後に購入した、ごく普通の３ＬＤＫのマンション。次女の誕生から物が増え始め、子どもの物の管理に悩み、「収納」と名のつくテレビ番組や書籍、雑誌を片っ端から見て真似をしました。物を減らさず、家にある物を、収納テクニックでパズルのように埋めていく作業は「はまった感」が楽しく、真似ることで自分にもできる自信になりました。

２度目は現在の家への引っ越し。戸建てでありながらも、狭い敷地。個室の広さを取るために収納を設けず、集中収納にした分、物を減らさなければいけない現実に向き合い、その時初めて、「整理」の大切さを知りました。

「整理と収納は違う」。これに気づいたことで、私の物に対する選び方、物の持ち方が大きく変わりました。現在は自分の欲しい物と、値段の折り合いがつかない時もたまにありますが、その時はよく吟味し、長く使うなら……と自分自身のために投資と割り切り、ひとつの物に対しても愛情を持ち、長く使用するようにしています。

大切な物は、より大切に扱うため、収納グッズにもこだわりを持ち、誰にでもわかる物の配置を心がけました。結果、今では私が１週間家を留守にしても大丈

at the end

夫なほど、家も家族も成長しました。現在、日々充実し仕事に打ち込めるのも、この住環境、収納環境があるからです。

家事は生産性のない仕事で、楽しいとはいい難いことですが、整理収納環境を整えることで、今までの暮らしが楽で、楽しいものに変わります。そのことを多くの人に知ってもらいたいと、収納テクニックに特化し本書で紹介させていただきました。

読んだ方の暮らしが、生活が楽になり楽しくなれば私も嬉しいです。

最後になりましたが、この本の発行にご尽力くださった宝島社の鈴木さん、山崎さん、編集の柳原さん、カメラマンの吉村さん、デザイナーの宇田川さん、心より御礼申し上げます。

皆様のお力があったからこそ、本書を世に送り出すことができました。

そしていつも応援してくださるレッスン生、ブログの読者様、友達、家族、私に関わるすべての方々に感謝を込めて。

小西紗代

小西紗代　こにし さよ

兵庫県神戸市在住。幼稚園教諭を経て、整理収納アドバイザー1級、風水鑑定士の資格を取得。2011年8月より整理収納サロン『神戸のちいさな収納教室』を主宰。予約が取りづらい人気教室となっている。また自宅の整理収納が雑誌『ESSE』『saita』、テレビ、ラジオなどで紹介され生活感の漂わないスッキリした家の様子が話題になる。著書に『さよさんの片づけ力が身につくおうちレッスン』（扶桑社）がある。

ブログ「ちいさいおうち」
http://sayo34sayo.blog86.fc2.com/

STAFF
編集　柳原香奈
デザイン　宇田川由美子
写真　吉村規子
イラスト　Shutterstock

さよさんの片づけが大好きになる収納教室

2014年12月24日　第1刷発行
2020年 8 月20日　第11刷発行

著者　小西紗代

発行人　蓮見清一
発行所　株式会社宝島社
〒102-8388　東京都千代田区一番町25番地
営業　03-3234-4621
編集　03-3239-0930
https://tkj.jp
振替　00170-1-170829（株）宝島社
印刷・製本　図書印刷株式会社

ISBN978-4-8002-3022-5